Elite
28

關於 **教育學**
的100個故事

100 Stories of
**Pedagogy**

盧靜文◎編著

# 前　言

今天，教育幾乎無處不在，無人不知，大多數人從小到大都要接受各式各樣的教育，或者學校教育，或者課外培訓，或者職業訓練，等等不一。然而，究竟什麼是教育？蘇格拉底說：「教育不是灌輸，而是點燃火焰。」愛因斯坦說：「當在學校所學的一切全都忘記之後，剩下來的才是教育。」世界最古老的教育學專著《學記》中說：「師也者，教之以事而喻諸德也。」眾說紛紜，莫衷一是。從教育的定義延伸開來，我們發現日常生活中出現的教育問題、教育現象，也是層出不窮、五花八門的，由此誕生的教育理論和思想更是推陳出新，變化萬千。

於是，研究教育現象和教育問題，並試圖揭示教育規律的一門科學出現了，就是教育學。教育學是伴隨著教育產生而發展的，直到十七世紀才由哲學家培根正式提出這一概念。隨後，在社會變革和科技快速發展的影響下，教育學突飛猛進，研究領域不斷擴大，並進一步分化綜合，成為擁有幾十門分支學科的學科群。

教育學不是教育經驗彙編，也不是教育方針政策，只有將教育的實踐經驗提高到理論高度，從教育經驗中總結出教育規律，才能夠豐富和發展教育學。現代人普遍認為，教育的發展不僅僅關乎一個人的未來，往往代表一個民族、一個國家的進步與否。

猶太人是以教育立國的典型代表。在猶太民族中，孩子們從三歲就要開始上學，直到成人之後仍要繼續提高自身修養，直到生命結束。這與中國「活到老學到老」的古訓一致。

猶太民族中有一位名垂千古的大學問家希勒爾，他年輕時最

大的願望就是研究「猶太律法」。

可是希勒爾家境貧窮，而且必須從早到晚工作，既沒有錢又沒有時間，怎麼實現自己的願望呢？希勒爾並沒有被困難嚇倒，他發現了一個可以實踐的機會，他每天拼命工作，將收入的一半留下來生活，另一半交給學校的守門人，請求他允許自己進去聽課，聽聽賢人們都在說什麼。

靠這個方法，希勒爾學到了很多知識，由於錢太少了，他不得不常常餓著肚子去聽課，不過在他心裡，痛苦的不是飢餓，而是擔心哪一天守門人攔住自己，不讓他走進學校。

正是無數「希勒爾」，塑造了猶太民族輝煌的歷史，使其成為人類歷史上在科學、文化、藝術等領域做出傑出貢獻的民族。

本書採用故事與理論結合的形式，經由一百個生動有趣、寓意深刻的小故事，為您講述了人類教育與教育學，教育與教學，以及教學方法中涉及到的常識、理論和經驗。既有傳統教育學基本思想、基本方法、基本概念，又有當前學科發展前景，尤其是心理學、教育技術、教育新思潮，以及當代教育家大膽的教育實踐，力求全面準確，為您展示當代教育學的基本狀況。

閱讀本書，可以讓您獲得關於教育與教學的基本策略和技巧，樹立大教育觀，更好地理解和處理生活中的教育問題。

希望所有關心孩子成長的家長、在校學生、教師，以及關心個人教育、渴望個人進步的人，都來閱讀參考，從中汲取有益的營養。

# 目 錄

# 第三章：教學要講究方法——開啟教育成功的鑰匙

## 第四章：方法決定成敗──教育是人生的助推器

# 第五章：教育的成敗關乎未來──智慧閃耀的星空

第一章

# 人類成長離不開教育

## ——教育與教育學

# 迷途知返的培根，提出「教育學」概念卻不能完善教育學結構

教育學是以教育現象、教育問題為研究對象，歸納總結人類教育活動的科學理論與實踐，探索解決教育活動產生、發展過程中遇到的實際教育問題，進而揭示出一般教育規律的一門社會科學。

十七世紀時，有一位英國年輕人醉心於權力，想盡辦法希望做高官掌大權。雖然國王一度冷落他，可是他的權力之心未曾磨滅，反而越來越強烈。後來，老國王去世，新國王詹姆士六世登基，年輕人認為機會來了，他為了巴結這位新國王，將自己寫的著作贈送給他，祈求新國王給予自己一官半職。

努力換來了回報，詹姆士六世任命年輕人做了英國檢察長，這是一個顯赫的職位，年輕人十分得意。幾年後，他升任英國大法官，還被授予爵位。一切似乎都很光明，年輕人覺得自己前途無量。

然而就在這個時候，國王與國會之間的鬥爭愈演愈烈，身為國王提拔起來的高官，隨著國王的失勢，年輕人也失去了官職，淪為平民。這是不是平息了他做官的野心呢？沒有，年輕人雄心不改，一心渴望東山再起，重掌權力，於是他四處奔走，結交權貴，宣傳自己，甚至不惜採取各種卑劣的手段。

可是這次幸運女神沒有眷顧他，年輕人所有的付出都化為泡影，他的政治夢想徹底破滅。當清楚自己的處境後，年輕人追悔莫及，他痛恨自己為了權勢浪費了大好青春。痛定思痛，年輕人終於明白自己的歸宿不是政治，而是哲學。哲學是他最喜歡的學問，從此他專心一意地研究哲學，真正開始了自己一生中最有價值的生命歷程。

　　這位迷途知返的年輕人，就是大名鼎鼎的思想家培根。培根專心於哲學後，為人類做出了許多重要貢獻，他在撰寫《論科學的價值和發展》中，首次把「教育學」做為一門獨立的科學提出。此後，教育學正式登上了人類科學的殿堂。

　　伴隨著教育的產生和發展，教育學也應運而生。最早提出教育學這一概念的是思想家培根。那麼，什麼是教育學呢？

　　以教育現象和教育問題為研究的對象，對人類教育科學理論和實踐活動進行歸納總結，進而針對教育活動產生、發展過程中遇到的各種實際問題進行探索，尋找到解決問題的方法，在此基礎上，揭示出一般的教育規律，這樣的一門社會科學，被稱為教育學。

　　教育早已成為廣泛存在於人類生存發展活動中的普遍社會現象，是人類有目的地培養下一代人才的一種活動。為了有效地開展這種對後代的教育活動，人類勢必要對這種活動進行不斷地探索、總結和研究。經過長期的累積，這種教育活動就成為了教育學特殊的、特定的研究對象。

　　教育學既然是研究教育問題的一門學科，自然就會牽扯到教育的諸多方面，涉及到教育的各種問題，例如教育的本質問題；教育與人、社會三者之間的關係問題；教育的目的、教育的內容，以及教育實施的方法、途徑、採用的形式問題；教育的實施過程問題；教育的主體問題；教育的制度和教育的管理問題；不同的國家、地區、民族、種族等教育的差異⋯⋯等等。

　　透過對這些現象和問題的研究，揭示出教育存在的一般規律和普遍規律，這就是教育學的根本任務。

　　為此，教育學具有客觀性、必然性、穩定性、連續性、重複性等特點，同時，由於它研究的對象是一種普遍的社會現象，又使教育學具有現實性、辨證性和科學性的特徵。

## 小知識

弗蘭西斯・培根（西元1561年～西元1626年），英國哲學家、思想家、教育家、作家和科學家，被馬克思稱為「英國唯物主義和整個現代實驗科學的真正始祖」。他在邏輯學、美學、教育學方面也提出許多思想，因其博學，而被人們譽為「萬能博士」。著有《新工具》、《論說隨筆文集》等。

# 樂羊子求學半途而廢是教育學研究的現象之一

教育學就是以人類教育現象和教育問題，以及教育所包含的一般規律為研究對象。是教育與人、社會之間，以及教育內部各因素之間，所存在的內在本質的必然聯繫和相互關係，用以服務於教育活動的實踐對象。

戰國時期有個叫樂羊子的人，他為了學本領而離開家鄉，去很遠很遠的地方拜師學藝。由於遠離故鄉親人，學習了沒有多久，樂羊子就非常想家，按耐不住回家看看的念頭。

這天，樂羊子偷偷回到了家鄉。他的妻子是位非常賢慧、明事理的女人，此時正在織布，眼看一匹布就要完成了，忽然聽到外面有人喊自己的名字，她出門一看，竟是丈夫回來了。她盯著丈夫上下打量著，奇怪地問道：「你怎麼這麼快就學完了？」

樂羊子回答說：「還沒學完呢！離家久了，我很想家，所以就回來看看。」

沒想到樂羊子的妻子聽了這話，一臉不高興，她覺得丈夫學習不專心，虎頭蛇尾，不能善始善終。於是她將丈夫拉進屋內，拿出一把剪刀，當著丈夫的面，將快織好的布一刀剪成兩段。樂羊子大驚，急忙阻攔，卻來不及了。看著丈夫驚慌的樣子，妻子問樂羊子說：「你知道我為什麼要剪斷這匹快織好的布嗎？」

樂羊子忙問：「這到底是為什麼？」

孟母斷機教子的典故也同樣表達了學習應該持之以恆，不能半途而廢的道理。

「你知道，織成一匹布需要好幾天的時間，必須每天辛辛苦苦，一點一滴有耐心地織，現在我把它剪成兩段，就是讓你明白，拜師學藝和紡線織布是同個道理，做任何的事情都不能半途而廢。否則就像這匹布一樣，以前的辛苦都白費了！」樂羊子的妻子語重心長地說道。

樂羊子聽了妻子的話，猶如醍醐灌頂，連忙感激妻子的教導，然後跟妻子道別，重新踏上離家求學的道路。

樂羊子半途而廢，也可以叫輟學，是常見的教育學問題。自從教育學產生以來，人們對教育學的研究對象就產生了各種觀點，眾說紛紜，難以定論。有人認為教育學研究的是教育現象，有人認為教育學研究對象是教育事實，有人認為是教育規律，還有人認為是以上兩者或者三者的綜合。甚至有人籠統地認為，教育學研究的對象就是教育或者人。但是，這些說法都不夠準確，也不夠全面。

現代教育學對教育學研究對象比較認可的觀點是，教學研究對象是以教育事實為基礎，在不同的教育價值觀的引導下，所形成的各種教育問題，不斷探索和揭示各種教育活動的規律性聯繫，用以服務於

教育活動的實踐對象。例如，教育活動與人的成長、發展之間的關係；教育與社會的關係，包括政治、經濟、生產、宗教、文化、人口等諸多方面的關係；教育內部各種關係，包括學校教育、家庭教育、社會教育之間的關係；小學教育、中學教育、大學教育之間的關係；教育目標與教學活動的關係；教育者的施教與受教育者的受教之間的關係；做為受教者的學生的學習目的動機、學習態度方法、學業成績之間的關係等。這些關係都存在著普遍性的規律，這些規律就是教育學研究的重要內容。

從教育學的研究對象就可以看出，教育學的研究目的和任務就是為了探討、揭示教育存在的各種規律，闡明教育的各種問題，建立科學合理的教育理論體系，促進教育的順利發展。

## 小知識

蘇格拉底（西元前469年～西元前399年），古希臘著名的思想家、哲學家、教育家，他和他的學生柏拉圖以及柏拉圖的學生亞里斯多德，並稱為「古希臘三賢」。蘇格拉底終生從事教育工作，具有豐富的教育實踐經驗並有自己的教育理論。他的問答法對後世影響很大，直到今天，問答法仍然是一種重要的教學方法。

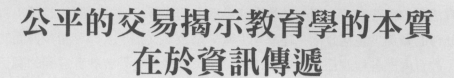

# 公平的交易揭示教育學的本質在於資訊傳遞

客觀世界中，大量存在、不斷產生和傳遞著以不同方式表示出來的各式各樣的資訊，它們由意義和符號兩部分組成，以聲音、語言、文字、圖片、動畫、氣味等方式所表現出來的實際內容和含意。而教育的目的就是把這些資訊傳遞給未知者、受教育者。

從前有一位麵包師父，他長期從隔壁農民那裡購買製作麵包用的黃油。有一天，麵包師父感覺三磅重的黃油似乎比以前輕了些，便有些不悅，回到家即忙不迭地拿出秤，稱了稱黃油的重量，並且記錄了下來。就這樣，麵包師每次從農民那裡買回來的黃油都要稱一下，結果令他十分生氣，因為他發現每次買來的黃油份量都不足。於是，他向執法機關提起訴訟，將事情鬧到了法官那裡。

法官接受了麵包師父的起訴，並派人將農民請到法院，農民不知道犯了什麼罪，竟然有人將自己告到法院。

「法官先生，您能告訴我，我究竟犯了什麼罪嗎？」

「你的鄰居麵包師父起訴你每次都剋扣他的黃油，你有權利提出反駁。」法官先生說道。

「喔，天啊！這不可能，我做生意講究的是一個『信』字，我以上帝的名義起誓。」

「別急，首先，你要回答我幾個問題，事情便會水落石出。」

「好的，我非常樂意效勞，法官先生。」

「請問，你有天秤嗎？」法官先生問道。

「有，法官先生。」農民回答道。

「那你有很準的砝碼嗎？」法官繼續問道。

「沒有，法官先生，我是不需要砝碼的。」農民回答道。

「沒有砝碼，你怎麼稱黃油呢？」

「就在麵包師父從我這兒購買黃油的這段時間裡，我也一直買他的麵包，我總是要同樣重量的麵包，而這些麵包就做為稱黃油的砝碼。如果砝碼不準，那就不是我的過錯，而是他的過錯了。」於是法官判定農民無罪，而麵包師父不得不承擔訴訟的費用。

這個有趣的故事，生動地再現資訊傳遞的特點：雙向性。資訊傳遞不是單純的從此到彼，而是一個互相影響的過程。教育的過程，正是一個資訊傳遞的過程。人類的所有社會活動，都要依賴於資訊傳遞，資訊傳遞是一個交互活動，這就為教育的產生和發展，提供了廣泛的基礎。

資訊傳遞，就是教育的本質，那麼什麼是資訊呢？資訊是以物質介質為載體，是客觀事物狀態和運動特徵的一種普遍表現形式，傳遞和反映各種事物的存在方式和運動狀態的表面特徵，是確定性的增量。資訊既不是物質，也不是能量，是物質運動的規律體現。而教育的目的，就是把這些資訊傳遞給未知者、受教育者。

從資訊的特徵上看：

首先，資訊具有可識別性，人們可以經由感官和各種測試手段對資訊進行識別。

其次，資訊具有可儲存性，可以透過各種方法進行儲存。

第三，資訊具有可擴充性，可以隨著時間的變化不斷進行補給和擴充。

第四，資訊具有可壓縮性，人們可以從對資訊的加工、整理，進行概括和歸納，使之精練濃縮。

第五，資訊具有可傳遞性，資訊的可傳遞性是資訊的本質特徵，也是教育和教育學得以產生的基礎。

第六，資訊具有可轉換性，可以從一種形態轉換成另一種形態。

第七，資訊具有特定範圍內的有效性，這一特性，是導致教育內容不斷演變的主要因素。

正因為資訊具有上述特點，才使得教育和教育學的產生和發展成為可能，如果沒有資訊、沒有資訊傳遞，教育就不會產生，也沒有存在的必要了。

## 小知識

柏拉圖（約西元前427年～西元前347年），古希臘哲學家、教育家。他十分重視教育的社會作用，在西方教育史上，是最早提出教育具有重大政治意義的思想者，把教育看做是建立和鞏固「理想國」的工具，並認為教育是改造人性的方法。他也是西方教育史上第一個提出完整的學前教育思想，並建立了完整的教育體系的人。他一生著述較多，其教育思想主要表述在《理想國》、《法律篇》等著作中。

# 「教師之師」第斯多惠對教師的五項要求催生了杜威的教育學三原則

關於教育學三原則的核心理論，約翰‧杜威表述如下：第一，教育即生活；第二，教育即成長；第三，教育即經驗的改造。

第斯多惠是德國教育家，被尊為「教師的教師」。一七九〇年，他出生於法官之家，從小接受了良好的教育。在大學期間，第斯多惠受盧梭和裴斯泰洛齊的教育思想鼓舞，立志從事教育工作。

大學畢業後，第斯多惠如願以償做了一名教師。他在工作中效法盧梭思想，大膽進行改革，雖然取得了很好的效果，卻受到同行和世人們的嘲笑，人們對他的所作所為似乎不屑一顧。

第斯多惠十分激憤，他覺得這些人的思想太守舊了，自己應該勇敢地與落後勢力抗爭。針對當時德國等級森嚴的教育制度，他提出了「教育平等」的主張，對於教會教育的弊端，他力主教育必須科學化。

年輕的第斯多惠，以敏銳的眼光看清了阻礙教育發展的主要原因。一八二〇年，他來到了默爾斯師範學校擔任校長。在這個職位上，第斯多惠按照自己的主張，制訂了一系列教育計畫，重新編排了課程內容，並且配備教師人選。有這些工作的經驗累積，第斯多惠在教育界漸漸名聲鵲起。為了推動教育改革，他親自承擔教學任務，可以說把整個身心都奉獻給了師範教育事業。皇天不負苦心人，在第斯多惠努力下，默爾斯學校培養了一大批德才兼備的初等教學人才，為德國教育做出了突出貢獻。

一八三二年，第斯多惠成為柏林師範學校的校長。在這所更大、更高級

第斯多惠終生致力於發展國民教育，被譽為「德國教師的教師」。

的學校裡，他開始傳授教育學及分科教學法。經由親身實踐，他認識到了教育與社會之間關係密切，一個國家的外部事務可由政治解決，但是整個國民的素質提升必須由教育來完成。實現二者的結合和統一，需要透過全民族的公共教育來實現。

經過多年教育實踐的磨練，第斯多惠的目光更為敏銳，形成了一套完整深刻的理論思想體系，並主編了《德國教師教育指南》一書，這是教育史上第一本論述教師培養的專著。

第斯多惠畢生都在為德國的教育事業而奮鬥，為培養優秀教師而努力。為了提高教師的教學品質，他提出了切實可行的五項要求：

第一，必須具有進步的思想態度，反對保守主義傾向，為國民教育而抗爭。

第二，必須具有引人入勝的教學方法，讓教育充滿情趣。

第三，應該以堅定的精神狀態，精力充沛地進行教學工作，保證學生充分思考。

第四，注意培養學生良好的表達能力，讓學生善於正確地表達知識和思想。

第五，不能滿足於已有的知識，應該不斷進行自我教育，加強專業教育。

五個要求反映了教師工作的特點，至今仍有一定現實意義。第斯多惠在致力於教師培養的過程中，根據多年教學經驗，還創造性地發展了教學理論體系，概括出許多操作性強的教學原則，在教育學史佔據重要地位。

在第斯多惠教學思想的影響下，世界著名教育家杜威提出了著名的教育學三原則：教育即生活，教育即成長，教育即經驗的改造。

　　教育的目的就是傳遞人類累積的生產和生活經驗，豐富人類生存經驗的內容，增強人類經驗，指導人們生活和適應社會的能力，進而有效地把人類的社會生活連結起來，推動人類社會不斷向前發展。廣義的教育，泛指個人在社會生活中，經過與他人接觸交往，彼此相互影響，接受他人資訊，逐步擴大和改進自己的社會生活經驗，進而掌握一定的知識技能，形成自己的思維習慣、生活行為方式。由此可以看出，人們改造經驗是與人的社會生活緊密聯繫一體，密不可分的，這種對經驗的改造，能夠促使個人順利成長，這就是杜威提出教育即生活，教育即生長，教育即經驗改造的基礎。

　　在此基礎上，杜威認為，教育應該無目的，「學校即社會」。人們在社會中參加真實的生活實踐，才是身心成長和改造經驗的正當的、最為有效的途徑。為此，做為施教者的教師，應該把傳授知識的課堂變成受教者的生活實驗場、兒童活動的樂園，引導兒童等受教者積極主動，自覺自願地投入到活動中去，從活動中獲取知識和養成思考習慣，實現生活、生長以及經驗的改造。要以兒童及其受教育者為中心，在教材的選擇上要引進基本的人類事物，以兒童及其受教者本身的社會活動為主，教學方法上，要受教育者從做中學，從活動中學。

## 小知識

亞里斯多德（西元前384年～西元前322年），古希臘斯塔吉拉人，世界史上最偉大的哲學家、科學家和教育家之一。是柏拉圖的學生，亞歷山大的老師。西元前335年，他在雅典辦了一所叫呂克昂的學校，被稱為逍遙學派。主要著作有《工具論》、《物理學》、《形而上學》、《倫理學》、《政治學》等。

# 母狼餵養的孩子無法說話，充分揭示了教育學原理

教育學原理，就是研究教育學中的基本理論問題，探求教育的一般原理和規律。這種研究和探求，是以人腦對教育的特殊作用為基礎的。

印度加爾各答附近有一個小山村，在一九二○年，村子裡發生了一起震驚世界的事件。當時，村子周圍常有野狼出沒，危害村民和家畜。有一次，人們在追捕野狼時，一直追到了狼窩，並打死了母狼。母狼死了，人們壯著膽子走進狼窩，捕捉裡面的幼狼。當他們走進去之後，意外地發現裡面竟然有兩個由母狼撫養長大的女孩！這兩個女孩一大一小，大的七、八歲模樣，小的只有兩歲。

在古羅馬神話中，羅馬城的創始者羅慕洛斯兄弟就是由母狼哺育長大的。

村民把兩個狼孩接回村中，並分別為她們取名卡瑪拉和阿瑪拉。後來，卡瑪拉和阿瑪拉被送進了孤兒院。孤兒院院長E. 辛格十分關注兩個狼孩的成長，不僅給予她們無微不至的關照，還試圖透過教育，讓她們重新做人。

　　辛格撰寫了《狼孩和野人》一書，詳細記載了兩個狼孩在孤兒院的生活經歷。一開始，這兩個狼孩的生活習性和狼一樣，她們用四肢行走，白天睡覺，到了晚上才出來活動。很明顯，她們害怕火和光，不敢接近水源。她們不會說話，只知道餓了尋覓食物，吃飽了倒頭大睡。當辛格拿給她們素食時，她們不屑一顧，對於肉食，她們也不會用手拿，而是把其扔到地上，然後低下頭用牙齒使勁撕咬。更讓人們駭然的是，每當到了午夜後，狼孩便開始伸著脖子嚎叫，聲音與狼叫無異。

　　辛格為了教化狼孩，費盡心思地教她們說話，不幸的是，阿瑪拉第二年就死了，卡瑪拉也僅僅活了九年。在這段時間內，她接受了七年教育，卻只掌握了四十五個語詞，勉強說幾句話。當她開始朝著人的生活習性邁進時，又不幸去世了。據估計她當時大約十六歲，不過智力水準只相當於三、四歲的孩子。

　　狼孩的故事後來廣為流傳，人們逐漸認識到後天實踐和勞動在成長階段的關鍵性。特別是從出生到上國小之前，這個年齡階段對人的身心發展極為重要，如果錯過了這個關鍵時期，人的心理發展會受到無法彌補的損失。所以當一個嬰兒長期脫離人類社會環境時，他不會具備人的腦功能，不能產生與語言相關聯的抽象思維和意識。

　　母狼無法教會孩子語言，這直接證明了教育與人腦的關係，揭示出了教育學基本原理離不開人腦的發育。

　　首先，人腦發育需要良性刺激。每個生命都會經歷生長發育，不斷成長的過程，而人腦的發育，會伴隨人的一生。人腦的發育，離不開外界良性的刺激，而教育是重要的刺激方式。如果遭遇不良的外界刺激，或者受到傷害，人的大腦發育就有可能被終止或者延緩，狼孩就是小孩長期與世隔絕，受不到人類教育等良性刺激，導致大腦發育遲緩的結果。

　　其次，人腦的生長發育具有普遍性。人的一生，大腦的發育過程具有普

遍相似的規律，從幼兒到老年，不同的人生階段，大腦的生長發育和新陳代謝的速度也不相同。青少年時期，人們的記憶力普遍較強；中年時期，人們的理解能力全面提高；到了老年，敏銳的洞察力成為了優勢。

再次，人類大腦的發育水準，存在著個體的絕對差異性。每個人所處的生長環境都不同，包括家庭、社會等環境都不可能完全一樣，這就導致了每個人的大腦發育水準和與之相對應的內外部教育境界，是有很大的不同的，有時差別性會很大，這種個體性差異，也是因材施教理論提出的基礎。

最後，由於大腦發育的差異性和環境的差異性，導致了個人教育資訊來源的差異性。這種差異性導致了每個人獲得的教育信息量絕對不相等，這就是為什麼相同班級的學生，學業成績不同的重要原因。

## 小知識

昆體良（約西元35年～約西元95年），古羅馬時期的著名律師、教育家和皇室委任的第一個修辭學教授，也是西元1世紀羅馬最有成就的教育家。他的教育理論和實踐都是以培養雄辯家為宗旨的，著有《雄辯術原理》。

# 獲獎小論文奇遇記說明了
# 教育學的社會基礎

教育離不開社會，教育是有目的地培養社會人的有組織、有計畫的社會行動。教育學就是為了有效地進行教育活動，而對教育進行研究探索，並經過長期累積，而使教育成為特定研究對象的社會科學，是社會不斷發展的產物。

美國伊格洛克中學的一名學生，出人意料地獲得了愛達荷瀑布市科學大會一等獎。這當然是一個轟動性新聞，因為他的獲獎論文只有區區一百多字，然而這篇小文章得到了與會評審委員們的一致好評。這些評審都是鼎鼎大名的科學家，他們無一例外給了肯定票，認為這篇文章當之無愧應該獲得一等獎。為何這麼多科學家會為一篇中學生的小論文傾倒呢？我們不妨看看這篇文章的內容。

這篇小論文的內容比較簡單，大意是呼籲人們簽署一份請願書。請願書中提到了一種化學物質「一氧化二氫」，要求對它進行嚴格控制，甚至乾脆完全予以廢除。為什麼要這麼做呢？文中列舉了「一氧化二氫」的種種劣跡：一，它會引發過多的出汗和嘔吐；二，它是危害極大的酸雨的主要成分；三，這種物質處於氣體狀態時，容易引起嚴重灼傷；四，一旦發生事故，吸入此物質可以致命；五，此物質是產生腐蝕的成因；六，此物質可以影響汽車啟動裝置效率；七，該物質存在癌症病人的腫瘤中，已經得到證實。

鑑於以上幾大「罪證」，小論文的作者——那位獲得大獎的中學生詢問過五十個人，想知道他們是否同意禁止使用這種物質。結果大多數人的觀點較

為一致，四十三個人堅決地表示一定要禁止使用該物質，避免更大的危害和犧牲，支持率佔到百分之八十。六人表示先考慮一下，態度比較誠懇，佔百分之十二。只有一個人看了中學生的論文分析，表示驚訝地說：「一氧化二氫？一氧化二氫不是水嗎？水怎麼可以禁止使用？」至此，好多人恍然大悟，原來注意到科學常識的人太少了，只有百分之二。

謎底揭曉，所有人不禁啞然失笑，人們往往關注一些危言聳聽的東西，卻忽略眾所周知的常識問題。這個簡短的故事告訴我們，教育如果脫離社會實踐，將是多麼脆弱和不堪。

教育學既然是一門社會科學，那麼教育學的發展必然有著廣泛的社會基礎。就像小論文中講到的課題一樣，教育學的發展，也同樣會受到社會各種因素的左右和影響，這就註定了教育學不可能脫離整個社會的發展，而成為空中樓閣。

國子監辟雍建於清乾隆四十九年（西元一七八四年），是中國現存唯一的古代「學堂」。

　　教育學的社會性體現在，隨著現代社會和現代教育實踐的發展，社會對教育學研究提出了更新的、更高標準的要求，需要教育學深入研究的教育問題越來越多，這就促使了教育學必須適應社會的發展，以社會的需求為主體發展目標，不斷適應社會千變萬化的發展態勢。

　　教育學受社會發展影響，必須不斷解決下列問題，例如不同社會時期教育的本質問題；不斷變化的人、社會、教育三者的關係問題；不同社會時期教育的目的、內容、教育實施途徑、方式、方法以及彼此的相互關係問題。隨著社會的演進，教育的主體問題、教育的制度問題、教育的管理問題，都會面臨新的挑戰，發生新的變化。教育學必須以這些社會變化為基礎，不斷經由對各種教育現象和問題的研究，揭示教育在社會發展變化中呈現出來的基本規律和特點。

　　教育學是社會不斷發展的產物，它的社會性註定了它的發展必須要紮根於整個社會的發展，必須與社會發展需求相適應，成為社會發展的有效促進力量。

## 小知識

　　瑪麗亞・蒙特梭利（西元1870年～西元1952年），義大利幼稚教育學家，蒙特梭利教育法的創始人。她的教育法，建立在對兒童的創造性潛力、兒童的學習動機及個人的權利和信念的基礎之上。主要教育著作有《蒙特梭利方法》。

# 伯樂相馬相出教育學的科學基礎來源

教育學是一門獨立的社會科學，有著廣泛的科學基礎。首先，教育機理的科學性；其次，教育內容的科學性；再次，教育方法的科學性；最後，科學技術的發展，也為教育學研究提供了更多的科學的方法和手段，為教育學的科學化，提供了更多的可能。

傳說，天上負責管理馬匹的神仙叫伯樂，因此人間借用這一稱謂，把善於相馬的人也稱為伯樂。春秋時期，第一位被稱為伯樂的人誕生了，他本名孫陽，對馬的研究非常透澈，後來，人們漸漸地忘記了他的本名，乾脆稱呼他為伯樂。

伯樂相馬出了名，某次受楚王重託購買千里馬。伯樂對楚王說：「日行千里的馬不多見，尋找起來恐怕有些困難。我打算到各地尋訪，請大王不要著急，我一定會盡力辦好這件事。」

隨後，伯樂跑遍大江南北，去了好幾個國家，特別是盛產名馬的燕、趙一帶，他尋訪非常細心，也非常辛苦，可是最終仍一無所獲。正當他滿懷沮喪，準備從齊國返回楚國時，忽然看到路上一輛拉鹽的馬車，正吃力地行進在陡坡上。馬顯然累壞了，呼呼喘著粗氣，每邁出一步都極其艱難痛苦。伯樂是馬的朋友，對馬格外親近，看到這匹受累的馬，急忙走了過去。

當伯樂快要走近馬匹時，奇蹟發生了。馬忽然昂起頭顱，瞪大了眼睛，像是注足了力量一般大聲嘶鳴，似乎要對伯樂傾訴什麼，一副誠懇的神情。伯樂聽到這一陣嘶鳴，當即判斷出這匹馬絕非是劣馬，而是一匹難得的良駒。於是

他趕緊對駕車的人說：「這是一匹適合在疆場馳騁的良馬，可是用牠來拉車，卻不如普通的馬，你能不能把牠賣給我呢？」

駕車的人聽了這話，心想：「這匹馬從來不好好工作，吃得不少，卻骨瘦如柴，實在不堪一用。如今有人願意買，我正好可趁此處理了牠。」於是他高興地同意了這提議，接過銀兩，將馬交給了伯樂。

伯樂終於購得了千里馬，十分開心，急忙趕回楚國交差。在楚王宮前，他拍著馬的脖子說：「我為你找到了好的主人啦！」千里馬似乎聽懂了伯樂的話，牠抬起前蹄引頸長嘶，聲音如同大鐘石磬般洪亮，直達雲霄。楚王聽到馬嘶聲，連忙跑到宮外觀看。這時伯樂走上前，指著馬說：「大王，我為您帶來了千里馬，請仔細觀看。」

楚王看了一眼面前的這匹馬，不禁皺起眉頭，因為牠太瘦了，簡直不成樣子，他以為伯樂唬弄自己，不高興地說：「我相信你相馬的才能，才交給你買馬的重任。可是如今你買的馬好像走路都很困難，能上戰場作戰嗎？」

伯樂相馬圖。

伯樂堅定地說：「大王，這確實是匹寶馬。由於牠一直被用錯了地方，沒有得到精心餵養，所以才如此瘦弱。只要精心餵養，您放心，不出半個月，就會恢復體力。」

楚王半信半疑，命令馬夫精心餵養千里馬，果然十幾天後，這匹馬變得精神飽滿。楚王騎上寶馬，揚鞭疾馳，只覺得兩耳生風，眨眼間已跑出百里之外。

此後，千里馬馳騁沙場，立下許多赫赫功績。伯樂因此更加受到世人尊重，人們把他視為馬的良師益友。

伯樂相馬不是巫術，是建立在長期的相馬經驗為基礎，有一定的科學依據。隨著科學技術的發展，特別是近現代心理學、生理學的崛起，為教育學的科學化提供了肥沃的土壤和技術上的有力支援。

尤其是現代社會，各種科學技術得到突飛猛進的發展，教育實踐得到了極大地豐富，具有了空前的廣泛性，客觀上大大地推進了教育學的發展，為教育學帶來了質的飛躍。

教育學是一門獨立的社會科學，之所以具有獨立性，首先取決於它有自己獨特的研究對象，這個研究對象就是人類特有的教育現象和教育問題，以及人類教育蘊含的一般規律。

它有別於其他任何學科的研究對象，研究對象的特殊性，也註定了教育學有自己獨特的科學性。

教育學的科學性主要體現在以下幾點：

首先，教育機理的科學性。教育的存在是以人腦的發育為基礎的，不同的大腦發育狀態，接受資訊的程度會不同，這就會影響到教育的實施結果。

其次，教育內容的科學性。資訊的確定性，是建立在科學性的基礎上的，就像伯樂相馬一樣，沒有長期觀察實踐得來的科學依據，就無法得出準確的判斷，也就談不上資訊的確定性，更無法保證教育的有效性。

再次，教育方法的科學性。隨著各種科學的產生和發展，教育方法也正在發生著巨大的變化，心理學、生理學、各種先進的教學儀器設備、實驗方法、先進的教學方法，不斷運用到教學當中。

最後，科學技術的發展，也為教育學研究提供了更多的科學方法和手段，為教育學的科學化，提供了更多的可能。

## 小知識

查理斯·羅伯特·達爾文（公元1809年～西元
1882年），英國博物學家、教育家、進化論
的奠基者、機能心理學的理論先驅。主要著作
有《物種起源》、《動物和植物在家養下的變
異》、《人類的由來和性選擇》、《人類和動
物的表情》等。

# 蔡元培的五項教育宗旨，旨在建立教育學的理論體系

教育學的理論體系就是教育學的內容結構，這是一個不斷發展演變的理論體系。為此，對這種理論體系的研究，也要有科學的態度，不能僵化地把教育學理論體系看成一成不變的絕對真理。

民國初年，京師大學堂改稱北京大學，開始進行初步的民主教育改革。

到了一九一六年，學校發生了一些變化，學生數量達到了一千五百人。然而由於舊傳統的影響，加上袁世凱搞帝制的風氣左右，學校內的民主思想受到了壓制，教育改革效果甚微。這時，蔡元培先生接過了北京大學校長的接力

清光緒年間，京師大學堂修業證書。

棒，打算就任新一屆校長之職。當時北京大學已經先後換過五任校長，都沒有改變學校的大局，因此不少朋友勸蔡元培：「還是不要就任了，搞不好改革不成，反而影響了個人聲譽。」

一九二一年九月，蔡元培率中國教育代表團出席太平洋各國教育會議時，與代表團成員合影。

蔡元培先生何嘗不瞭解時局，但他想到民族的教育大計，不顧個人前途安危，毅然赴任，並且在孫中山等人支持下，對北大進行全面改革。他指出大學的性質在於研究學問，為此提出了著名的五項教育宗旨，主張「軍國民教育、實利主義教育、公民道德教育、世界觀教育、美感教育」五育並重。

與此同時，蔡元培先生提倡學術自由，將學年制改為學分制，積極進行教學方法改進工作，主張學生自治。這些措施推廣後，影響深遠，為中華民族培養了一大批思想進步、才華出眾的人才。

有一次，一位滿懷理想的學生在多次碰壁後，深感失望，就給蔡元培先生寫了封信，希望得到校長的指點。百忙之中，蔡元培先生不但給學生回了信，還約他在辦公室見面交談。

學生很激動，早早地來到了蔡元培先生的辦公室。他還沒開口，蔡元培先生就微笑著招呼他：「來來來，坐下，我泡杯茶給你。」說完，他起身沖茶，將茶水遞給學生，並和藹地說，「這是極品綠茶，從南京捎過來的，你也品嚐品嚐。」

學生簡直受寵若驚，他連忙捧住茶杯，低頭喝了一口。杯子裡只有幾片茶葉，漂浮在水面上，可以說沒有一點茶色，喝到嘴裡後，與白開水沒有多大差

別，基本沒有什麼茶味。學生不由得皺了皺眉頭，他不知道校長葫蘆裡到底賣的是什麼藥。蔡元培先生好像沒有注意到學生的神色變化，他東一句西一句地與學生閒聊，看起來已經忘記約見學生的目的了。

過了一段時間，這個學生趁著蔡元培先生停下話的空檔，趕緊起身告辭。沒想到蔡元培不放他走，而是別有用意地說：「別著急啊！喝完茶再走。這可是一杯極品好茶，不喝會浪費了。」

學生不好拒絕校長，出於禮貌，端起茶杯又喝了一口。這次他喝下去，只覺得一股清冽的茶香沁人心脾，回味無窮。學生奇怪極了，他急忙觀看茶水，看到茶葉已經沉入杯底，杯子裡的水碧綠清透，彷彿一塊翡翠。真是太神奇了，這時他注意到整個辦公室裡都飄著一股清新的香氣。

學生不禁疑惑地看著蔡先生，後者正滿臉期待之情地望著他，並問了一句：「明白了嗎？」

學生恍然大悟，又驚又喜地叫道：「我知道了，先生是要告訴我，追求成功就要學習這杯綠茶。做事情不要只停留在表面，應該靜下心來，踏踏實實，深入下去。」

蔡元培提出五項教育宗旨，目的是想建立一套完整的教育學理論體系。

任何一門學科發展到一定階段之後，都會逐步建立自己的理論體系，教育學這門獨立性很強的學科，自然也不例外。教育學家們經過長期不懈的努力，有系統地完善教育學知識體系，把人們對教育這一特殊對象的認識成果，有機地組織了起來，進而確立了教育學知識體系在整個人類知識體系中的地位，這就是教育學理論體系的發生、發展過程。

教育學理論體系的建立，是教育學的自覺，是對自身發展的關注和關照，是教育學走向成熟的標誌。當然，教育學理論體系的發展也並非一帆風

順，一方面是因為教育學家的教育學專著往往自成體系，缺乏全面性和系統性；另一方面，由於社會資訊傳遞的侷限性，那些與教育學家個人關係不大的科學體系中，教育學並沒有得到重視。隨著十七世紀捷克教育學家夸美紐斯的《大教學論》出現，經過三百餘年的不斷演進和發展，教育學才逐漸建立並完善了自己的理論體系。現在人們已經開始逐漸淡化「體系意識」，從「學科體系時代」，走向「問題取向時代」。

教育學理論體系，是一個非常龐雜的知識體系，包括教育學原理、教學論、教育史、德育原理、教育社會學、教育經濟學、教育心理學、教育管理學、教育統計學、比較教育學、教育技術學、軍事教育學、學前教育學、普通教育學、高等教育學、成人教育學、職業技術教育學和特殊教育學等等，涵蓋教育諸多方面的理論體系。

## 小知識

伯特蘭‧亞瑟‧威廉‧羅素（西元1872年～西元1970年），20世紀最有影響力的哲學家、數學家和邏輯學家之一，同時也是著名的政治活動家，一生致力於哲學的大眾化、普及化。

# 老比利教子教出教育活動的四要素

教育活動四要素，包括教育者、受教育者、教育方法和教育內容，
無論缺少哪一個要素，都無法構成一個完整的教育活動。

一九四〇年十月二十三日，比利出生於巴西特雷斯柯拉索內斯鎮一個貧苦的家庭，他的父親也是一名球員，但並未踢出名堂。

有一天，他和朋友們在樹蔭下乘涼，朋友遞給比利一根香菸，那並不是市售的香菸，而是用乾菜葉做原料手工捲成的，完全沒有菸的味道。

比利接過來，點著火，深深地吸了一口，但他並未吸進肺裡。他抽著菸和朋友們天南海北地聊著，這時，比利的父親剛好路過，他向比利和他的朋友招招手，一句話都沒說就走過去了，好像有急事要做。

比利看到父親走了過去，將半截菸往地上一扔，臉色都嚇白了：「天啊！真不知道我爸爸會怎麼對待我？」

「怕什麼，你爸爸沒看到你抽菸。」一個同伴安慰道。另一個又說：「你爸爸要是看到了，早擰著你的耳朵回家了，你還會站在這裡嗎？」

比利一聽，覺得有理，便愉快地和朋友們告別了。他回到家後，父親立刻把他叫過去。

「我看到你抽菸了。」父親像往常和比利聊天一樣地說。

比利低下頭，不敢看父親的臉色，心裡忐忑不安。

「我有沒有看錯？」父親繼續問道。

「沒有，爸爸。」

「你抽菸多久了？」

「我在幾天前開始的。」

「那味道好不好？你知道我沒有抽過菸，所以不知道香菸的味道是什麼樣的。」

比利只抽過用乾菜葉子做成的香菸，沒有抽過正式的香菸，但是他還是如實回答了：「我不知道，也許沒有味道。」

「喔，孩子，」比利的父親張開雙臂，抱住比利說：「孩子，你有踢球的天分，將來也許會成為頂級球員。如果你抽菸，會蹧蹋身體的，同時你也就無法踢球了。爸爸能做的只有這麼多了，你自己決定吧！」

接著，父親從口袋裡掏出幾張皺巴巴的鈔票說：「如果你想抽菸，最好還是抽你自己的菸，老拿別人的菸抽，很丟人。」

比利羞得無地自容，他似乎看到父親為了養活一家人，毫無怨言清理便盆、打掃地板，高強度的勞動使父親經常一拐一拐地走向足球場，踢完球時他的膝蓋總是腫得像足球那麼大。

比利的父親一聲不響地看著比利，最後他說道：「好了，沒事了，以後別再拿別人的菸抽。想抽菸找我，我給你錢。」

此後，比利再也沒有抽過一根菸。

老比利教子的故事，蘊含了教育應該具有的四個基本要素。那麼，傳統教育活動四要素指的是什麼呢？它包括教育者、受教育者、教育方法和教育內容。隨著教育學的不斷發展，現代教育學家把教育途徑和教育環境納入了教育必備的要素之中，統稱為教育活動的六要素。

　　任何教育活動都是教育者在一定的教育環境下，採用一定的教育方法，透過一定的教育途徑，把教育內容傳遞給受教育者的過程。教育者就是將人類已經固定下來的經驗、知識資訊，傳遞給受教育者的實施人。受教育者就是接納前人總結出來的經驗、知識資訊的承受人，是接受教育對象。教育方法就是教育者在對受教育者傳遞知識資訊時，採用的手段、方式和方法。教育內容就是教育者傳遞受教育者的知識資訊的具體內容，這些內容都是固定化的資訊和有價值的資訊。

　　在教育活動的四要素中，教育者是教育活動的主導，受教育者是教育活動的主體，受教育者主體地位，決定了教育者要採用什麼樣的教育方法，需要向受教育者傳遞哪些知識資訊內容。為此，教育者要像老比利教子那樣，圍繞著受教育者這個主體，根據受教育者的實際情況，選擇教育方法和教育內容，因材施教，如此才能使受教育者得到的知識資訊有價值，有利於受教育者的生活和成長，完成一個教育者應該完成的任務。

## 小知識

曼海姆（西元1893年～西元1947年），德國社會學家、教育家，知識社會學的創始人和主要代表人物之一。他強調人的意識不可避免地依賴於人的社會地位，這是全部認識論包括現代認識論的基本要素。著有《意識形態與烏托邦》、《變革時代的人與社會》、《自由、權力與民主設計》、《時代診斷》、《知識社會學論集》、《社會學系統論》等。

# 從不寫論文而遭人嘲諷的教授
# 提出了教育學的任務

教育學的任務有四個方面，一是研究形成教育活動的一系列基本概念；二是經由概念研究，揭示出教育的基本規律；三是從教育學的研究探索，闡明教育活動的各種問題；四是建立起科學完善的教育學理論體系，用來指導教育活動的發展。

根據歐洲大學的傳統習慣，教授必須在一定時間內發表一定數量的論文。論文數量的多少和品質的優劣，往往是判定一位教授地位的標準。如果兩年沒有發表論文，那麼同事們就會開始嘲笑他；如果三年沒有發表論文，這位教授的個人聲望將大大縮水，雖然不至於被開除，因為歐洲大學聘請教授為終生制，可是卻也幾乎沒有立足之地了。

康德先生就任教授後，顯然不買傳統習慣的帳，他竟然長達十一年之久沒有發表一篇科研論文。這簡直是太另類了，康德也因此名聲大振，成為人們眼中最平庸無能的教授，也成為德國教育界的頭號笑柄。哲學泰斗摩西・孟德爾頌忍不住站出來說話了：「康德，讓所有的德國大學蒙羞！」

儘管康德成為教育界公敵，但他受到了學生們的歡迎，他的講課受人尊敬，不少學生慕名前來成為他的弟子。有一次，康德的學生克芳斯參加柏林教授聚會，宣布說康德開始撰寫一部偉大的著作。頓時，整個會場一片沸騰，平日正襟危坐的教授們哄笑著、調侃著，認為這是一個最讓人發笑的笑話。

然而，就在嘲笑聲中，康德開始了自己的創作，他打算寫一本小冊子，不料一動筆，幾個月的時間他就完成了一本厚達八百五十六頁的《純粹理性

伊曼努爾‧康德的墓誌銘。

批判》。這本書出版後，並沒有獲得時人的好評和喝采，大家望而卻步，認為這本書太晦澀難懂了。有一位讀者看了書後，寫信給康德說：「讀你的這本大作，十根手指頭都不夠用。因為文章中的句子太長了，我用一根手指頭按住一個逗號，可是十根手指頭都用完了，結果一句話還沒有讀完！」確實，無人不在抱怨書中的長句子，以致於這本書榮膺哲學史長句冠軍。

不管當時的人們如何看待康德和他的著作，我們都知道，這本晦澀難懂的《純粹理性批判》後來在歐洲佔有重要地位，叔本華說它是「歐洲有史以來寫就的最重要的書」。

偉大的康德，遭到時人嘲諷的教授，就這樣以一本著作奠定了自己在哲學史上的地位。不僅如此，身為教授的他，還十分重視教育學發展，力圖透過教育實現他的哲學思想，改造人類社會。他認為，教育學的任務包括多方面，技能、德行、體能等等，都是教育學的一部分，能夠發展人的自然稟賦，進而達到自我完善。

教授不寫論文，並不等於教授不明白教育學的任務。教育學研究的對象是教育現象和教育問題，教育學的任務自然圍繞著這些研究對象來展開。一般情況下，教育學的任務有四個方面，一是研究形成教育活動的一系列基本概念；二是經由概念研究，揭示出教育的基本規律；三是從教育學的研究探索，闡明教育活動的各種問題；四是建立起科學完善的教育學理論體系，用來指導教育活動的發展。

概念是構成任何一門學科知識的基本元素，教育學概念也不例外。從紛

紜複雜的教育現象和教育事實中，提煉加工出教育活動中本質的規律性，進而形成教育學的基本概念，為解決各種教育問題提供概念基礎。

教育規律是教育活動內在的本質和必然的聯繫，教育學透過研究教育活動和教育成果，揭示出教育存在的客觀規律，很好地認識教育科學的發展的內在規律，為教育活動按規律順利發展打下良好的理論基礎。

教育問題是教育學研究的核心，一切教育學研究都是圍繞教育問題來展開的。探索和發現教育問題、分析和解釋教育問題、提出解決教育問題的方法和答案，是教育學闡明各種教育問題的關鍵，為教育的發展，不斷提供科學的方法論基礎。

建立科學完善的教育學理論體系，也是教育學的重任。不斷總結、歸納教育學發展的成果，建構科學完善的教育學理論體系，使教育學科學化、理論化，為教育活動的開展，提供充足的理論依據，進而實現用教育理論指導教育實踐的目的，更好地促進教育活動的不斷深入和發展，實現教育育人的功能最大化。

## 小知識

孟德斯鳩（西元1689年～西元1755年），法國偉大的啟蒙思想家、教育家、法學家。他最重要的貢獻是在資產階級的國家和法律的學說等方面，他在洛克分權思想的基礎上明確提出了「三權分立」學說。著有《論法的精神》、《羅馬盛衰原因論》等。

# 致力於民族獨立的夸美紐斯
# 論述教育的目的和作用

教育是人類的一種社會活動和社會現象，是傳遞人類累積的生產經驗和社會生活經驗的必要方法，也是一個人生存和成長的必要條件之一。

一五九二年，捷克誕生了一位人類教育史上里程碑式的人物，他就是約翰·阿摩司·夸美紐斯。夸美紐斯出生於磨坊主家庭，少年時父母雙亡，從此寄住在親戚家裡，直到二十一歲時進入德國海德堡大學讀書。

夸美紐斯雖然自幼失去雙親，但他深受父親的影響。當時，捷克有一個著名的組織名叫「兄弟會」，致力於民族獨立運動。夸美紐斯的父親是「兄弟會」的會員，有一定地位。後來，夸美紐斯被選為「兄弟會」牧師，並擔任「兄弟會」學校的校長。

這時，著名的「三十年戰爭」爆發了。戰爭首先在捷克打響，一六二〇年十一月八日，天主教陣營由蒂利統帥兩萬八千人軍隊，攻佔布拉格附近的白山。這支軍隊是德意志帝國最強大的軍隊，訓練有素，裝備精良。捷克和部分盟國組成的新教軍雖然有兩萬兩千人，但缺乏訓練，紀律鬆散，無法抵擋德軍進攻，結果不到兩小時，就潰敗而逃。捷克國王腓特烈只知道尋歡作樂，此時正準備舉辦一個豐盛宴會，聽說自己的部隊打敗了，天主教軍已經兵臨城下，嚇得扔掉王冠，帶著老婆、孩子還有親信們，倉惶出逃，逃到荷蘭避難。

國王和軍隊雖然沒有了，但勇敢的捷克人不願做亡國奴，他們組織起來反抗壓迫，結果遭到了血腥的鎮壓。「兄弟會」是民族獨立運動的主力軍，其成

員成為天主教軍迫害的主要對象。夸美紐斯為了與敵軍作戰，帶領「兄弟會」會員出沒深山密林中，堅持抗爭。

長期以來，夸美紐斯一直熱衷於教育事業。在戰爭爆發之前，他專心研究教學改革問題，編寫了教學法指南書──《簡易語法規律》，還有許多關於教育的重要手稿。如今戰爭所迫，顛沛流離，

「威斯特伐利亞和約（the Peace Treaty of Westphalia）」是象徵「三十年戰爭」結束而簽訂的一系列和約，簽約雙方分別是統治西班牙、神聖羅馬帝國、奧地利的哈布斯堡王室和法國、瑞典以及神聖羅馬帝國內勃蘭登堡、薩克森、巴伐利亞等諸侯邦國。而在一六四八年十月二十四日簽訂的西荷和約，正式確認了威斯特伐利亞這一系列和約，並象徵三十年戰爭結束。

這些珍貴的藏書和手稿都流失了。不久，瘟疫流行，夸美紐斯妻兒病逝，許多「兄弟會」會員犧牲，這種境況下，他只好遷居波蘭。從此，這位致力於民族獨立運動的教育家再也沒有回到祖國。他在異國他鄉繼續自己的教育事業，提出了普及教育、建立全國統一的學校教育制度等重要的改革措施，並撰寫了《母育學校》、《泛智學校》、《語言與科學入門》等教育學著作，成為近代資產階級教育理論的奠基者之一。

正如夸美紐斯指出的那樣：「只有受過恰當教育之後，人才能成為一個人。」他明白無誤告訴了我們教育的目的和作用是什麼。一般情況下，凡是能夠增進人的知識和技能，影響思想意識的各種活動，提高人的身體素質，增強人的體質的活動，都被稱為教育活動。這是廣義的教育定義，而教育學所指的教育，大多是指狹義的學校教育。

　　那麼，學校教育的目的和作用是什麼呢？學校教育是根據社會發展對人類的整體要求，教育者遵循受教育者的身心發展規律，有目的、有計畫、有組織地引導受教育者獲得相關的經驗知識資訊，獲得相關的生存技能，養成一定的思維習慣，成為社會所需要的人的一種活動。

　　簡而言之，學校教育的目的，就是在於發展學生的認知結構，其作用就是培養學生的創造力和批判力，促進其想像力和洞察力的發展，是對人的各種生命力的全面激發，進而滿足人類社會發展對人的要求。

　　對個人的成長來說，教育雖然不是萬能的，但離開了教育，人就會墜入愚昧的深淵，就無法適應社會日新月異的發展，得不到生存技能，失去解決各種生存發展問題的能力，最終被社會所淘汰。

## 小知識

埃里希・弗洛姆（西元1900年～西元1980年），美國新佛洛伊德主義精神分析心理學家。指出了健康人格的本質：富於愛，有創造性；具有高度發展的推理能力，能夠客觀地理解世界和自我；擁有穩固的同1感，與世界相處得很好並紮根於世界之中；擺脫了亂倫關係，是自我和命運的主體或動因，即具有創造性定向。著有《逃避自由》、《健全的社會》、《愛的藝術》、《為自己的人》等。

# 勤奮的家庭老師赫爾巴特
# 提出普通教育學

普通教育學是有關教育一般問題的基礎知識體系，主要探討解決教育的實質、教育的功能、教育的發展歷史、教育的目的、教育的基本規律這些教育的基礎性問題，以及教師與學生，教學、課程、班級管理、教學制度、結果評價等教育技術性問題。

幸福和不幸總是結伴而至，這句話用在約翰・菲力特力赫・赫爾巴特身上，也許再恰當不過了。他出生在一個律師家庭，父親後來升任樞密院顧問官，地位顯赫。母親是一位美麗聰慧的女子，而且具有很深的文學修養。做為父母的獨子，赫爾巴特從小受到了無微不至的關愛和良好的教育。然而有一天不幸突然降臨，小赫爾巴特玩耍時，不小心掉進了沸水桶裡，被燙成重傷，從此他的身體一直很羸弱。

母親非常疼愛赫爾巴特，為了讓兒子接受良好教育，她每天陪伴著他，督促他讀書。赫爾巴特上課時，母親也會在他身邊，還與他一起研究希臘文。

赫爾巴特從小就表現出了優異的學習天賦，他多才多藝，不但在數學、語文和哲學方面表現突出，還是一位天才音樂家。他的思想成熟很早，十二歲時開始研究形而上學，十六歲時研究康德的思想，十九歲時撰文批評當時著名的哲學家菲希特，認為後者提倡的「自創自己世界」的觀念是錯誤的。並指出學生本身不能去創造自己的世界，需要依賴教師的教導和外在環境的影響，才能形成自己的世界觀。這種見解無疑是深邃的，也是超前的。

這時，赫爾巴特的父親送他去耶拿學習法律，但他不感興趣。所幸的是，

在這所大學裡，有許多著名哲學家和文學家，在母親幫助下，赫爾巴特結識了哲學家施勒先生，進而真正踏上了從事教育和研究哲學的道路。

二十一歲時，年輕有為的赫爾巴特在母親介紹下，來到瑞士恩德拉琴州長家裡做家庭教師。州長有三個兒子，非常調皮可愛。赫爾巴特這位少年英才如何對待自己的家教工作呢？他工作極其認真投入，絲毫都不馬虎，每個月寫一份關於教學方法和成就的報告，交給學生的家長。州長十分認可這位勤奮的家庭教師，讓他做了兒子們三年的老師。這段寶貴的教學經驗，深深地影響了赫爾巴特的教學理論。

柯雷吉歐的名畫《愛之教育》，所描繪的是希臘神話中司教育的神赫耳墨斯（羅馬名為墨丘利），和愛神維納斯共同教授小丘比特學習拼讀，並向祂講解什麼是愛。

德國教育家赫爾巴特因為著有《普通教育學》，被認為是建立教育學這門學科的鼻祖。普通教育學是教育學的基礎性學科之一，是有關教育一般問題的基礎知識體系，是教育學的入門知識。其目的是幫助教育工作者養成基本的教育概念、掌握教育技能和培養一定的教育管理和研究能力，推動整體教育的水準的提高。

普通教育學的基本研究方法，包括歷史研究法、調查研究法、比較研究法、理論研究法、實驗研究法和文獻研究法。這些研究法都是經過長期的教育學實踐總結出的基本研究法，比較完善和成熟，對教育學的研究和發展，起到了很大的促進作用。

　　歷史研究法側重於對教育歷史過程中產生的各種史料進行分析整理，進而研究教育學產生和發展的內在規律，揭示教育理論和教育實踐之間存在歷史演變關係，總結教育學發展中存在的經驗和教訓，預測教育發展的未來。比較研究法是對每種教育現象在不同的歷史時期、不同的教育地點和不同的教育環境下，所表現出來的不同情況，進行比較分析研究，用以揭示教育的普遍規律和不同的表現形式，經由現象比對，認識其本質。調查研究法，是在教育理論的指導下，透過調查研究，對教育現狀做出科學準確的分析判斷，有助於發現教育發展過程中存在的各種問題。其他三種研究方法，都是教育學研究中經常採用的常規方法，在此不一一贅述。

## 小知識

肯尼士‧班克羅福特‧克拉克（西元1914年～西元2005年），美國教育心理學家、社會學家，致力於研究種族隔離問題。他是第一個獲得終生教授職位的黑人，也是第一個獲得心理學博士學位的非洲裔美國人。著有《黑貧區》。

# 艾賓豪斯的記憶曲線 提醒人們注意教育心理學

教育心理學就是研究學校情境中，受教育者和教育者，學與教的基本心理規律的科學。具體地說，就是研究教育和教學過程中，教育者和受教育者心理活動現象，以及這種現象產生和變化的規律的心理學分支。

有一位叫娜佳‧瑪赫娃的學生，是斯克州斯維爾德洛夫村的小女孩。這位小女孩非常討厭地理課，覺得學習地理是一項苦差事。後來，她發現一個簡單有效的方法，她每天都把自己假設為老師，精心準備教學筆記，還寫下各位學生的名字。然後，她就進行「老師提問學生」的遊戲，自己回答自己的每一個問題，並打分數。這樣持續了一段時間後，她驚喜地發現，每天從學校回到家裡，自己就會主動去做功課、去學地理。為什麼出現了這樣的轉變呢？因為她認為自己是老師，不是學生，這樣就有了興趣，有了積極性。為了強化這種興趣，她準備堅持做一年的教學筆記。

這個小女孩的做法，充分體現出艾賓豪斯記憶法對學習的有效性。學生當然希望提高記憶效率，收到事半功倍的記憶效果，可是如何做到這一點呢？

一八八五年，柏林大學的教師艾賓豪斯根據多年研究成果，出版了《論記憶》一書，是實驗心理學上最為卓越的成果之一。在這本書中，艾賓豪斯經過嚴格的系統的測量來研究記憶。由於當時他沒有職位，沒有專門研究室，因此他用自己做實驗，花了五年時間獨自完成了一系列有控制的研究，進而開創了全新的研究領域。艾賓豪斯在書中報告了自己的研究成果，並描繪出一條曲

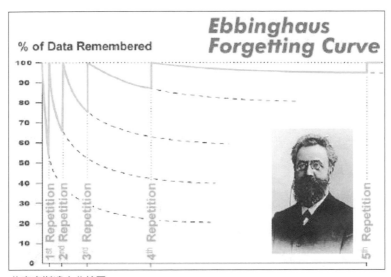

艾賓豪斯遺忘曲線圖。

線，這就是著名的艾賓豪斯遺忘曲線。

　　根據艾賓豪斯的研究成果，我們發現複習是鞏固所學知識的關鍵，要想知道記憶效果如何，必須經常進行自我測驗。

　　艾賓豪斯發現的記憶曲線，屬於教育心理學的範疇。教育心理學是心理學的一個分支，是介於教育學和心理學之間的交叉學科。

　　教育心理學的研究對象包括以下方面：

　　一、以教育學理論體系為依據，研究培養一個全面發展的人，所應該採用的教育方法，即因材施教問題。

　　二、研究人的心理結構，根據教育活動中心理活動的規律，探討學校教育、家庭教育、社會教育等教育過程中的心理現象。

　　三、應用心理學的理論知識於教育工作當中，探討加速人才培養的途徑和辦法。

四、研究學校教育中，學生課堂學習的性質、條件、效果及其評價，尤其是應該研究學生學習知識、接受知識的心理學發生原理。

五、重點研究教育和教學影響下，教育者和受教育者出現的各種心理現象及其發展的規律。

六、學生與教師，學生與學生相互之間，互相影響的心理因素，及其對教與學產生的影響等。

教育心理的研究任務有兩個，一個是揭示教育體系中學生學習的性質、特點及其類型，以及學習的過程和條件；二是如何運用學生學習的規律，去設計教育、優化教育體系，提高教育效率。同時，教育心理學的側重點有三個，即教師的特徵，學生的特點和教學的方法。

## 小知識

榮格（西元1875年～西元1961年），瑞士心理學家和精神分析醫師，分析心理學的創立者。他的分析心理學，因集體無意識和心理類型的理論而聲名遠揚。

# 老闆懂得教育經濟學而走進知識學堂

教育經濟學就是研究教育和經濟之間關係的一門學科，它是把教育在經濟和社會發展中的作用、如何有效利用教育投資，及教育投資所產生的經濟效益，為自己的研究對象，是介於教育學、數學、經濟學和社會學之間的一門邊緣學科、交叉學科。

小李國中畢業後，經由個人打拼開了一家服裝加工生產廠，幾年奮鬥後，他的工廠規模不斷擴大，這時有人建議他再開一家加工廠。小李何嘗不想這麼做，可是隨著市場的發展和技術的更新，他的能力越來越跟不上時代的節奏了。怎麼辦呢？該如何突破技術和經營方面的瓶頸呢？

這天，小李正在街上漫步，忽然看到了與自己同時起步，做飯店生意的張先生。張先生急匆匆地趕路，手裡還提著一摞書。

小李好奇地喊住他：「老張，你要去哪啊？」

張先生停下腳步，指著書本說：「我報考了餐飲服務培訓班，要去上課。」

「上課？」小李詫異地說，「不做老闆去上課，你這算是哪門子生意經？」

張先生笑了：「上課能夠學知識，補充能量，可以多賺錢啊！」原來，最近市區創辦了一所「老闆進修」學校，目的就是培訓一些中小型企業的老闆，幫助他們提升管理水準，強化專業知識，以加快企業發展。

小李恍然大悟，他眼前一亮：「我苦於能力有限，無法發展，何不也去學習學習，武裝自己呢？」

第二天，小李果然來到了「老闆進修」學校，他報讀工業製衣全科班，學習工業製衣的整套流程。對他來說，製衣流程並不陌生，現在卻要注入科學的理論，當然會極大提高認知和實踐能力。

如今，此類以培訓老闆為主的學校越來越多，學員們學習知識，希望能夠很快運用到實際操作中。這種學習方式，充分體現出教育經濟學的發展新趨勢。

老闆走進知識學堂，說明教育與經濟的關係非常密切，而教育經濟學就是研究教育和經濟之間關係的一門學科。

從教育經濟學研究的主要內容看，包括教育與經濟關係的表現形式和內在的規律性、教育投資的方向及其教育投資的內部結構、教育領域中勞動的特點與勞動報酬的分配原則、教育投資的經濟效果考核、教育經濟學研究的方法論等，都是教育經濟學研究的重點內容。

教育經濟學同樣是一門社會科學，它關注教育在社會經濟發展中的地位和作用，研究教育支出的宏觀和微觀經濟效果，闡述教育與經濟之間各種關係的原理和潛在規律。

它常常根據已經設定的前提，合理運用數量分析法，透過對資料的仔細計算和綜合分析，以此來檢驗有關教育與經濟之間的關係程度，預測教育與經濟關係的變動走勢，為合理調整教育與經濟的關係提供依據。

教育和經濟之間是相互依存、互相制約和促進的關係。一方面，經濟的發展需要教育提供大批有一定技術文化水準的技術人員和勞動力。

　　另一方面，教育的發展也離不開經濟的支撐，一個國家或地區的教育發展水準，是與這個國家或地區的整體經濟發展水準相呼應的，經濟越發達，社會所能提供的教育經費越充足，越能促進教育的不斷發展。反之，教育的落後，導致經濟的落後，經濟的落後又制約著教育的投入，影響著教育的發展。

## 小知識

D‧狄德羅（西元1713年～西元1784年），18世紀法國唯物主義哲學家、美學家、文學家、教育理論家、百科全書派代表人物、第一部法國《百科全書》主編。除了主編《百科全書》外，還撰寫了大量著作，如《哲學思想錄》、《對自然的解釋》、《懷疑者漫步》、《論盲人書簡》、《生理學的基礎》、《拉摩的姪兒》等。

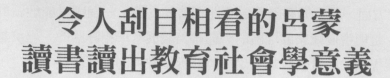

# 令人刮目相看的呂蒙
# 讀書讀出教育社會學意義

教育社會學，就是研究教育的社會屬性及其性質、教育的社會功能及其效果，教育的制度建設和教育的組織形式，以及教育發展規律的一門學科。

呂蒙是三國時期的東吳大將，他少年從軍，英勇善戰。由於常年征戰，呂蒙沒有讀過書，如今做了大將，依然大字不識幾個。東吳國主孫權瞭解他的情況，就開導說：「如今你身居要職，掌握國家大事，應該多讀書，多進步才對啊！」

呂蒙聽了，推託說：「在軍隊中事務繁忙，哪有時間讀書啊？」

孫權耐心地說：「我並非要你去研究經文做博士，我只是說你們多瀏覽些書籍，可以瞭解古代歷史，增長見識。你說事務繁多，難道比我的事務還多嗎？我少年時就讀了儒家的各種經典，做了國主後，又仔細研究《史記》、《漢書》，以及很多兵法，覺得這些書籍對自己用處很大。像你這樣的將才，天資聰慧，如果多讀書，一定會受益匪淺。依我看，你應該先從兵書《孫子》、《六韜》讀起，然後再讀歷史書籍。東漢光武帝起兵推翻王莽時，軍旅之間，手不釋卷。曹操現在也說老而好學，你為什麼不能勉勵自己呢？」

這番語重心長的開導，打動了呂蒙，從此他勤奮苦讀。

不久，魯肅接任東吳大都督的職位，上任途中路過呂蒙駐地。呂蒙聽說後，急忙設宴款待魯肅。席間，魯肅還以老眼光看人，認為呂蒙有勇無謀。可是等到兩人推杯換盞縱論天下事時，呂蒙說了很多有見識的看法，令魯肅大為

驚訝，感嘆説：「我一直以為你只是武略超群，卻不知你學識也如此出眾，並非人們所説的吳下阿蒙。」

關羽擒將圖。

呂蒙笑了，然後認真地説：「士別三日當刮目相看。都督現在赴任做統帥，在下認為你的才識不如周公謹，要想與霸佔荊州的關羽處理好關係，確實很難。我看關羽雖然年紀大了，可是聽説他好學不倦，喜歡讀《左傳》，而且性情耿直，頗為自負。所以你上任後，一定要想好計策對付他。」

説完，他為魯肅策劃三個方案。魯肅接受了呂蒙的建議，高興地拜別而去。

呂蒙讀書是為了適應社會發展的需求，這也間接説明了教育社會學的重要作用和意義。

教育社會學的研究範圍主要包括以下幾個方面：

一、社會結構與教育的關係問題，特別是教育與政治、經濟和文化的關係，社會經濟、政治制度與教育的交互影響，教育如何促進社會變化等問題。同時，社會結構對受教育者的人格發展、學習成果、思想意識，也會產生重要的影響。而社會政治結構，也與教育有著非常密切的關係，政治制度往往決定教育思想、教育制度和教育實踐。

二、人的社會化過程，與教育的關係問題。人的社會化過程，是指兒童經過接受教育，逐步學會所生活的社會行為規範的過程，家庭、社會、學校等集體的教育功能與人的社會化過程的關係。這三者是個人社會化的基本催化單位，三者既互相影響，又交互作用，共同促進人的社會化進程。

三、教育與社會變遷的關係。教育不僅是社會變遷的動因，也是社會變遷的反映和結果，會隨著社會的變遷而發生一定的變化。同時，教育又是改善經濟結構，進而促使社會變動的潛在條件。

教育社會學的研究範圍，也包括學校的社會性解構，學校與社會、學校與政府、學校與學校關係，教師的社會角色定位，教師的職業特點，教師的社會地位，教師的組織管理，從教資格，以及教師職業發展的不同階段要求等問題。

## 小知識

約翰・阿摩司・夸美紐斯（西元1592年～西元1670年），17世紀捷克教育家，是人類教育史上里程碑式的人物，曾擔任捷克「兄弟會」牧師及「兄弟會」學校校長。他所著的《大教學論》，是西方教育史上第一部體系完整的教育學著作，《母育學校》則是歷史上第一本學前教育學專著。

# 以貌取人孔夫子，驗證教育學的歷史發展

教育學最初是從哲學中分化出來的一門學科。隨著社會的發展和文化的進步，教育學本身也在教育活動中發生了一系列的分化，出現了許多分支學科，包括學前教育學、普通教育學、高等教育學等，同時還出現了與其他學科結合產生的交叉學科。

孔子是中國最偉大的教育家，設杏壇育弟子，從學者三千多人，其中七十二人才學突出，成為著名的賢人。孔子的教育思想彪炳古今，是人類的寶貴財富。他提出的「舉一反三」、「因材施教」，到如今依然是重要的教育理論方法之一。

然而，孔子這樣賢能智慧的人，在教學過程中也犯過錯誤。一次，有一位叫宰我的學生前來拜師學習，宰我一表人才，聰明伶俐，能說會道。孔子一開始非常喜歡他，覺得這位學生無論哪個方面都很優秀。可是過了一段時間，孔子的看法變了。一天，宰我對孔子提出了自己的看法，他說：「父母去世了，一定要守孝三年，這三年的時間是不是太長了？三年不學習，學過的知識會忘記；三年不耕種，土地會荒蕪。」

孔子聽了這話，當即生氣地說：「你真是太不孝了！一個人三歲時才能離開父母的懷抱，難道父母離世了，守孝三年還算長嗎？」從此，他認為宰我品格惡劣，不能理解「仁孝」的深意，對他十分冷淡。

孔子還有個學生，名叫澹臺滅明，此人相貌醜陋，舉止不雅，為此孔子非常討厭他，而且認為他的品德一定很差。有一次，澹臺滅明去南方講學，沒想

到當地人對他的評價極高，把他視為聖人一般看待。孔子聽説後，非常感慨地説：「我憑説話判斷人，結果錯誤地認識了宰我；我以相貌取人，又錯誤地對待了澹臺滅明。」

孔子周遊列國，遊說諸侯王。

孔子是大教育家，他雖然沒有提出教育學概念，但他的教育成就說明了教育學發展歷史的悠久。教育學概念，起源於希臘語的「教僕」一詞，十九世紀，英語國家的人們，開始普遍使用「教育學」這一專用語詞。

獨立形態的教育學產生，應該從一六二三年，英國著名哲學家培根所著的〈論科學的價值和發展〉一文算起。在這篇文章中，培根首次把教育學做為一門獨立的科學提出來，並將教育學理解為指導閱讀的科學與其他學科並列。培根的這一觀點，為建立獨立形態的教育學，做出了巨大的貢獻。而教

育學成為獨立學科的開端，則應該歸功於夸美紐斯一六三二年發表的《大教育論》，這是教育史上第一本教育學論著，開了教育學的先河。

一八○六年，德國赫爾巴特的《普通教育學》出版，這是被公認的一本現代教育論著，不僅詳細論述了科學教育的獨特性，還非常明確地提出了心理學和哲學是教育學的學科基礎。他在倫理學的基礎上，提出了教育目的論，在心理學的基礎上，建立了教育方法論，創建了比較完整的課程體系，提出了比較完整的教育學理論體系。為此，赫爾巴特被公認為「現代教育之父」或「科學教育學的奠基者」。

## 小知識

孔子（西元前551年～西元前479年），名丘，字仲尼，春秋時期魯國人。他是中國古代偉大的思想家和教育家，儒家學派的創始人，也是世界上最著名的文化名人之一。他編撰了中國第一部編年體史書《春秋》，其言行思想主要載於語錄體散文集《論語》及《史記·孔子世家》中。

# 鸚鵡唱歌缺乏實驗教育學精神

實驗教育學是從實驗心理學的角度，以教育實驗為出發點，採用心理學實驗的方法來研究分析與教育相關問題的分支學科。

在一片小樹林裡，住著畫眉鳥、鸚鵡、烏鴉三位好朋友。牠們每天快樂地覓食、玩耍，日子過得倒也自由自在。有一天，牠們在樹林邊遊戲，忽然聽到一陣優美的歌聲，歌聲太好聽了，彷彿天籟之音，把牠們都迷住了。三位朋友不約而同地循著聲音飛去，原來一隻漂亮的黃鶯正在歌唱。

畫眉鳥、鸚鵡和烏鴉聽黃鶯唱完歌，激動地上前說：「您的歌聲太動聽了，請收我們做徒弟，教我們唱歌吧！」

黃鶯想了想，答應了牠們的請求，並且認真地教牠們練習音樂。可是畫眉鳥、鸚鵡和烏鴉的音樂天賦實在太差了，學了幾天依然唱得很難聽。這天，師徒幾個又在練習唱歌，難聽的歌聲吸引了附近的許多鳥兒，牠們飛過來看熱鬧，有的還嘰嘰喳喳叫著取笑牠們。

遭人嘲笑當然很難為情，畫眉、鸚鵡和烏鴉低垂著腦袋，不肯開口練習了。黃鶯見到這種情況，就鼓勵自己的學生們：「不要怕羞，抬起頭來大膽地唱。只要唱得多了，掌握了唱歌的技法，聲音自然會好聽。」

畫眉和鸚鵡終於接受了老師的鼓勵，又投入到練習之中。只有烏鴉害怕出洋相，躲到一旁緊閉嘴巴，再也不肯張開口繼續學唱歌了。

過了不久，畫眉和鸚鵡學會了唱歌，動聽的歌聲傳遍了樹林內外，好多鳥兒都趕來祝賀牠們。而烏鴉除了「哇哇哇」地叫，什麼都不會。

將實驗教育思想稱為「實驗教育學」，是一九○一年，德國教育家梅伊曼首先提出的。接著，德國教育家拉伊的《實驗教育學》一書出版，系統闡釋了實驗教育學的相關思想和理論，實驗教育學正式出現。

實驗教育學，有兩個方面的特點：

第一，研究教育問題時引進自然科學的實驗方法，強調簡化研究對象，將受檢驗的方式、因素、條件等，與其他無關的因素徹底隔離開來，藉助科學實驗的各種儀器、特殊的實驗設備，某些人為的特定方法，來觀察實驗對象在教育過程中發展、變化情況，以及所表現出來的特點。

第二，善用運用比較法，著重強調分組比較，以統計學的方法，定量地檢驗試驗結果的準確性和可靠性，以便發現教育變數之間的因果對應關係。依據這些關係，揭示出教育的原理，確立科學合理的教育原則。

實驗教育學的研究方法、研究結果，以及實驗的連帶狀況，都有嚴格準確的規定，使得這種研究，不管在世界上任何地方，都能夠加以控

制，並得以擴充和增強。以便於在不同的文明、不同的民族裡，確保教育學得到不斷的發展。

在實驗教育學的大力推動下，科學的實驗方法被廣泛引入教育研究領域，逐漸克服了傳統教育理論研究中，思辨加例證的研究模式所固有的缺陷。形成了注重定量、追求原因的教育實驗的新的基本形式，使教育實驗從最初的教改實驗性質的嘗試性活動，轉變為科學的形式下，具有嚴格的操作規範和操作程序的教育學研究的一種基本方法。

## 小知識

愛爾維修（西元1715年～西元1771年），法國啟蒙思想家、哲學家、教育家，「教育萬能論」的宣導者。他所講的教育是「一切生活條件的總和」，即自然環境和社會環境的總和。主要的教育著作有《論精神》和《論人的理智能力和教育》等。

# 「公共教育之父」霍勒斯・曼強調公立教育

公立教育，就是由國家政府創辦教育，由政府財政撥款興辦學校，以公立學校為主，民眾普遍具有享受免費基礎教育的機會，體現了教育面前人人平等的思想原則。

談到教育問題，有一個人自然而然會被提及，他就是霍勒斯・曼，偉大的「公共教育之父」，美國傑出的教育家。

霍勒斯・曼曾經說過這樣一句話：「開一所學校就等於關一所牢獄。」這成為公共教育的至理名言。這位偉大的教育家出生在一個貧苦的農民家庭，在讀大學之前只上過小學。那是一所非常簡陋的小學，只有一間教室，而且破舊不堪。上課時間並不固定，每年大約只有十週課。至於老師，霍勒斯・曼曾經這樣說：「他們都是很好的人，但有些是很差的教師。」

霍勒斯・曼不滿足於學校傳授的知識，他經常到小鎮的圖書館看書，在這裡他讀了大量書籍，學到了足夠的知識，所以才有機會考入布朗大學，成為小鎮上少有的大學生。

透過大學教育，霍勒斯・曼得以進入政界，成為參議員。在自己的職位上，他下決心做的第一件事，就是建立一所「公立學校」，讓所有的孩子都上學。當時美國社會變遷劇烈，城市發展迅速，犯罪率上升，貧窮現象越發嚴重。基於此，美國總統湯瑪斯・傑弗遜認為：一個共和政體如果想持久存在，只有加強公民教育，提高文化修養和共同理想。倘若人民沒有知識，共和政府體制遲早會垮臺，就像瘋人院一樣混亂不堪。霍勒斯・曼正是接受了這樣的思

想，認為公立學校是優秀文明、民主參與和社會福利的中心。

然而，並非所有人都瞭解建立「公立學校」的意義，相反，這是相當激進的做法，會受到傳統觀念和守舊思想的挑戰。果然，霍勒斯·曼的言行和做法遭到不少人強烈反對，某些私立學校的校長抨擊他的全民教育思想，教師們否認取消體罰的主張，各種宗教派別也聯合起來，譴責他將宗教教義排斥於課堂之外的做法。

在壓力和打擊下，霍勒斯·曼沒有退縮，反而更加堅定了自己的選擇。由於教育委員會沒有權力強制採取什麼措施，霍勒斯·曼只好單槍匹馬戰鬥，以勸導、疏通的方式，費盡口舌地喚起人們對公共教育的重視。除了口頭宣傳，他還利用手中的筆，年復一年地在教育報告上撰寫文章，說明自由社會需要什麼樣的教育，教育對於消除貧窮和犯罪的意義。他寫道，學校教育是「使人平等的了不起工具」。

在霍勒斯·曼的努力下，麻薩諸塞州第一所公立小學成立了。後來多所學校相繼辦起來，公立中學也出現了。在霍勒斯·曼任內，該州共成立五十多所公立中學。為了加強教師隊伍建設，他還主張創建了該州第一所師範學校，廣泛吸收女性學生，做為教師儲備人才。

為了公立學校不辭勞苦，辛勤奮鬥，霍勒斯·曼到底做到了什麼程度？他曾經在一份報告中談到此事說：「自從我於一八三七年六月接受祕書長一職，至一八四八年五月提出辭呈，我為此事業每天所做的工作平均不少於十五小時；在這一時期自始至終沒有休息過一天，日復一日，沒有抽出一個晚上去拜訪朋友。」

如今，公立學校成為美國生活方式的一大特色，霍勒斯·曼的功績被人們廣為傳誦。千萬人透過公立教育得到晉升的機會，美國也成為世界上最偉大的國家之一。

公立教育思想，最早由美國教育家霍勒斯・曼提出，他一生致力於公立學校的創立，被譽為「公共教育之父」。霍勒斯・曼認為，教育不僅屬於精神和道德領域的事業，而且要比黃金更能創造財富，開辦一所學校就等於關閉一所監獄。他主張國民教育必須是普及全社會、惠及全民眾、免費的和世俗的。他大力推動教育改革，以適應美國社會發展的需要，創立組建了州教育委員會和教育廳。他親自出任教育廳長，四處籌措教育經費，廣泛開設公共學校，增加一般民眾受教育的機會，不僅為美國，而且也為世界教育帶來了革命性的變化。

公立學校的興起，大大提高民眾受教育的機率，提高了適齡兒童的入學率，推動了師範教育的發展，使教育真正進入了平民化時代，進而推動了社會政治、經濟等各方面的發展。

如今，很多國家都實行免費基礎教育，讓所有的民眾都享有同等的免費受教育機會。這些國家的基礎教育資源一般都掌握在政府的手中，教育經費由政府財政統一支付，使整個國家的教育資源分配更加合理均衡，大大地推進了教育的均衡發展和全面提高。

公立教育是與私立教育相對應的教育思想，目前許多國家都是以公立教育為主，私立教育進行補充的公私互補教育格局。

## 小知識

霍勒斯・曼（西元1796年～西元1859年），美國教育家。他奠定了美國近代公共教育的基礎，所創辦、編輯的《公共學校雜誌》，先後共發行10期，並把瑞士教育家J. H. 裴斯泰洛齊的教學法介紹到美國。

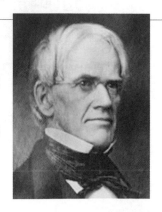

# 求缺不求全，
# 陳嘉庚致力於私立教育

　　私立教育就是由私人或私立機構投資興辦的教育機構，以私立學校
為主，是整個社會教育不可或缺的重要組成部分。

　　陳嘉庚，南洋著名愛國華僑企業家，一生生活簡樸，但致力於教育投資。
據統計，陳嘉庚一生在教育事業上投資達一億美元以上。早在光緒二十年
（一八九四年）他就捐獻兩千銀元，在家鄉創辦惕齋學塾，此後陸續辦起了師
範、中學、水產、航海、商業等學校。

　　一九二一年，陳嘉庚創辦廈門大學，學科分為文、理、法、商、教育，設
置了五院十七系，這是華僑創辦的唯一大學，也是當時全國唯一獨資創辦的大

清朝私塾。

學。陳嘉庚一人獨立支撐了十六年，之後遇到了世界經濟不景氣，嚴重打擊華僑企業，但陳嘉庚態度仍很堅定：「寧可變賣大廈，也要支持廈大。」他把自己的三棟大廈變賣了，做為維持廈大的經費。

陳嘉庚不遺餘力，傾資興學，雖然企業虧損，但他仍多方籌措校費，艱苦支撐，在他的宣導下，許多華僑紛紛捐資興學，一時成風，影響極其深遠。

陳嘉庚説：「民智不開，民心不齊，啟迪民智，有助於革命，有助於救國，其理甚明。教育是千秋萬代的事業，是提高國民文化水準的根本措施，不管什麼時候都需要。」

陳嘉庚一生將興辦教育事業做為頭等大事，不論多麼艱難，他都會盡力完成。然而對待家事，陳嘉庚卻堅持「求缺不求全」，在面臨校舍和住宅都被日本飛機炸毀的情況下，他堅持先修校舍，並説：「若先建住宅，難免違背先憂後樂之訓爾！」他逝世後，尚留有存款三百餘萬元，按照他的遺囑，一分錢都沒留給子孫後代。

古代的私塾，是典型的私立教育的代表。在現代教育中，私立學校教育是整個社會教育不可或缺的重要組成部分，是對公立教育的必要補充，特別是多元化社會，私立教育為社會、家長、學生，提供了一項變通的、靈活的教育方式，滿足了教育多元化發展的需求，提高了現代教育的效率。

私立教育與公立教育相對應，做為公立教育的補充，彌補了公立教育存在的不足，使各種教育資源互相補充，協調發展，滿足了社會不同層次的教育需求。

在一些發達國家，很多私立學校往往會成為教學品質高和具有教育革新精神的典範。就像求缺不求全的陳嘉庚那樣，更注重特色辦學和品質辦學，以此提高私立學校的競爭力。可以說私立教育的存在，為整個社會的教育事

業，帶來了活力和競爭力。

陳嘉庚視察廈門大學時與學校負責人合影。

私立學校與公立學校不同，它有調動和使用各種教育資源的主動權，多數具有自我管理的權力：自籌資金，辦學經費來自於私人或機構；可以自訂課程，根據自己的辦學思路和辦學特色選擇課程；可以自選學生，實行收費教育；可以自選師資，選擇能夠滿足自己學校培養方向的教師和員工。

總之，私立教育有很強的機動性和靈活性，更能滿足社會多方面的教育需求。

## 小知識

皮埃爾‧德‧顧拜旦（西元1863年～西元1937年），法國著名教育家和歷史學家，國際體育活動家，現代奧林匹克運動的發起人。他曾任國際奧林匹克委員會主席，並設計了奧運會徽章、奧運會會旗。由於他對奧林匹克不朽的功績，被譽為「奧林匹克之父」。

# 高價的石頭解讀
# 杜威提出的教育本質

美國教育家杜威認為，教育的本質就是從兒童的天性出發，促進兒童個性的發展，滿足兒童快樂成長的需求。

孤兒院有一個叫約翰的孤兒，他常常悲觀地問院長：「像我這樣沒人要的孩子，活著究竟是為了什麼？」

院長總是對約翰展示他獨特的微笑，但對於這個問題卻不做任何回答。

一天，他交給約翰一塊石頭，說：「孩子，你拿著這塊石頭去市集上賣，記住，不是真賣，無論別人出多少錢，都不能賣！」

第二天，約翰拿著石頭來到市集上，找了個角落蹲了下來。不久，他意外地發現有不少人出於好奇心，對他的石頭感興趣，而且出價越來越高。最後，約翰拒絕了他們的購買，回來高興地向院長報告。

院長笑了笑，說：「明天，你拿著它，去黃金市場上賣。」

就這樣，約翰又拿著石頭來到黃金市場上，很多人都看中了這塊石頭，出的價格比昨天高十倍。但是，約翰依舊拒絕了他們的購買。

後來，院長又叫約翰到寶石市場去賣，結果，因為他怎麼都不賣，手中的石頭被人宣揚成「稀世珍寶」。

約翰興沖沖地捧著石頭回到孤兒院，把一切都告訴了院長，並提出自己的疑問：「為什麼會這樣？」

這次，院長沒有笑，他嚴肅地對約翰說：「人生，就像這塊石頭一樣，自身的價值取決於周圍的環境。這塊不起眼的石頭，因為你的珍惜，而提升了它的價值。同樣，如果自己看重自己，生命就會有意義。」

美國教育家杜威是傳統教育的改造者，現代教育的拓荒人，他指出，教育就是兒童的「生活」、「生長」以及「經驗改造」。為此，他提出以兒童為中心展開教育的兒童中心論。在杜威看來，教育的最好和最終目的就是道德，道德是推動社會前進的主要力量。而教育的首要任務就是在各種校園社會活動中，培養兒童的道德品格。

他認為，在傳統的教育裡，學校的重心在兒童之外，教科書成了學問和智慧的代表，教師成了傳授知識技能和實施行為準則的代言人，把成人的標準、教材和方法強加給正在成長、逐漸趨於成熟的兒童身上。這種教育是強制性的，不利於兒童的健康成長。為此，教育重心必須轉移，要以兒童為中心，教育的一切措施都要圍繞兒童的成長來轉動，圍繞兒童來組織。教師、教材的注意力應該轉移到兒童的身上，開展以兒童為中心的新教育，這就是教育的本質。

## 小知識

約翰·亨里希·裴斯泰洛齊（西元1746年～西元1827年），瑞士教育家和教育改革家。他透過實物教學法的實驗，第一次把教育建立在心理學的基礎上，提出「教育心理學化」這一偉大理論，使教育與心理學緊密地結合在1起，對後世的教育和教學產生了深遠的影響。著作有《林哈德與葛篤德》、《葛篤德如何教育她的子女》等。

第二章

# 教育離不開教學

## ——學以致用，教書育人

# 借一分還十分告訴我們
# 教學的實質是什麼

　　教學是學校實現教育目的、完成教育任務的主要途徑，是學校教育中一種基本的經驗傳授方式。通常表現為教師傳授知識和技能，學生以此為基礎，形成教師和學生、教與學相互聯繫、相互作用的一種互動關係。

　　有個男孩在一次考試中國文得了五十九分，他非常苦惱，擔心父母知道成績不及格後，自己免不了要受皮肉之苦。於是，他懇求老師：「求求您，給我的國文再加一分吧！」

　　老師聽後，語重心長地說：「國文不可以加分，但是，我可以把五十九分改成六十分。不過我有一個要求，這一分我不能白借給你，借一還十，下一次考試，我要扣掉你十分，怎麼樣？」

　　男孩聽了，毫不猶豫地說：「我借！」

　　結果下次考試，男孩的國文考了九十五分，扣掉他還給老師的「利息」，淨剩八十五分。

　　這位老師真切地愛護學生，他不想讓學生挨打，加上對學生充分的信任，於是靈機一動，借用這個契機來激勵學生，從側面對學生進行鼓勵和幫助。最後，那位借分的男孩由於得到了老師的幫助和關愛，鼓起了奮鬥的信心，努力學習，從不及格到成績優秀，實現了對老師的許諾。

　　一般來說，老師對學業成績不好的學生不太重視，而且往往帶著有色眼鏡

看待，甚至挖苦諷刺，巴不得藉家長之手，好好地整治一下他們。

老師心裡很想把學生教好，但是如果老師對學生缺乏關愛之心，單單有「恨鐵不成鋼」的感悟是不夠的。關愛學生、尊重學生、信任學生，這三個標準連在一起，才會激勵學生求知的慾望，進而培養出優秀的人才。

教學是教育的重要互動，是由教師的教和學生的學共同組成的一種人類特有的人才培養活動，是一種教師和學生雙邊互動的特殊人際關係溝通。透過教學活動，教師有目的、有計畫、有組織地引導學生自覺地學習，以及加速掌握文化科學基礎知識和基本技能，全面提高學生的綜合素質，使學生成長為能夠適應社會、滿足社會需求的合格人才。

教學是學校實現教育目的、完成教育任務的主要途徑，是學校教育活動中一種基本的經驗傳授方式。教學的基本性體現在兩個方面，一是教學以完成智育任務為本，二是在完成智育任務的同時，完成德育、體育、美育等其他教育任務。

教學的任務包括以下幾個方面：

第一，向學生傳授系統的科學文化知識，培養和訓練學生基本的生存工作技能和技巧，發展學生的智力和各種解決問題的能力。

第二，幫助學生樹立人生觀、價值觀，逐漸形成自己的道德品格，養成自己獨立的思想意識。

第三，促使學生身體正常發育，

保證學生健康成長，有一個能適應社會生活的身體素質。

第四，培養學生養成自己正確的審美觀點，掌握感受美、鑑賞美和創造美的基本知識和基本能力。

第五，幫助學生掌握基本的勞動工作技能，學會使用各種勞動工具。

在教學過程中，教師必須遵循教學規律，處理好傳授知識和發展智慧的關係，處理好傳授知識與促進學生健康成長的關係，發揮教師的主導性和學生的積極性、自覺性，不斷地提升教與學的品質。

## 小知識

羅伯特・歐文（西元1771年～西元1858年），英國空想社會主義者、現代人事管理之父、人本管理的先驅，也是歷史上第一個創立學前教育機關（托兒所、幼稚園）的教育理論家和實踐者。1813年左右，他根據自己親身實踐，總結出了一整套學前教育理論，並把它反映在新寫出的著作《新社會觀》（又名《試論性格的形成》）裡。

# 「幼稚教育之父」福祿貝爾創辦第一所幼稚園，是學前教育學的良好開端

學前教育是專門研究學前教育現象，揭示學前教育規律的一門科學。

應該很難找到哪一位教育家和福祿貝爾一樣，經歷了如此悲喜交加的童年生活。他出生在德國農村，僅僅過了九個月，母親就與世長辭了。

還這麼幼小就失去母愛，是多麼巨大的打擊。福祿貝爾的父親是一位虔誠的牧師，負責六、七所教會的工作，工作十分忙碌，根本無暇顧及福祿貝爾和他的哥哥姐姐們。小福祿貝爾被交給了傭人，在傭人撫育下一天天長大。

轉眼間三年過去，幸運女神忽然想起了四歲的福祿貝爾，為他送來一位好繼母。新母親十分喜歡福祿貝爾，對他視如己出，給予無私的母愛。小小的福祿貝爾感受到了母愛的幸福，度過了童年生涯中最快樂的時光。

可是好景不常，兩年後繼母也生孩子了，而且是一名男孩。自從有了自己的兒子，繼母對待福祿貝爾完全變了，不但不再像過去那麼疼愛他，還把他視為外人。福祿貝爾再次與幸福失去緣分，幼小的心靈飽受著痛苦的打擊。自然而然，他與繼母之間的關係越來越微妙，「代溝」逐漸加深。由於這些因素影響，福祿貝爾性格內向，常常孤獨一人，不喜歡與人交往。但是鄉村生活為他敞開了大自然的懷抱，讓他沉浸在自然的安慰裡，可以獨自思考。花草樹木成了福祿貝爾的朋友，它們傾聽他的心聲，並讓他體會到了宇宙的真理和奧妙。

十一歲時，福祿貝爾在舅舅的資助下進了一所私立學校，後來又按照父

"Come, let us live with our children!"

福祿貝爾對學前教育具有特殊的貢獻，因此被世人譽為「幼稚教育之父」，他的名字也和幼稚園緊緊地聯繫在一起。

親要求學習建築。然而，建築師並非他的理想，一八〇五年，福祿貝爾遇到了GRUNER博士，受其影響做了一名教師，並立志成為教育家。

從此之後，福祿貝爾樹立起一個強大的理念：要用教育改變國家乃至整個人類。一八二六年，他創辦「人間教育」，並辦起了學校，來實現自己的教育思想。一八三三年，福祿貝爾成立了孤兒院，為四至五歲的孩子講授學前課程，開始實踐幼稚教育。一八三七年，他設立「自教自學」的直觀教學模式，提出以遊戲活動的方式開啟幼兒靈性，主張按照人性特點進行教學活動，鼓勵滿足幼兒所有的興趣和要求。

福祿貝爾開辦的第一所幼稚園，就是開展學前教育的地方，他開創了學前教育的先河。

學前教育是一種啟蒙教育，也是一門綜合性強、涉及面非常廣的學科，是針對兒童在語言、身體等發育不同特點的情況下，如何因循其規律來實施教育的學科。它是由家長和教師根據兒童發展和兒童教育的基本理念，利用各種實物教材，採用各種方法，有目的、有計畫、有系統地針對幼兒和兒童的發育特點，科學地實施對幼兒和兒童大腦的刺激行動，促使幼兒和兒童大腦各部位的功能逐漸發育完善而進行的教育活動，進而促進幼兒和兒童健康快樂的成長。

學前教育以兒童為中心，對兒童進行多方面綜合性培養，包括觀察力、想像力、思維力、記憶力、語言表達能力和創造力的培養。同時，逐步激發兒童的學習興趣和求知慾，培養幼兒和兒童養成良好的行為習慣，發展他們適應社會的基本能力。注重幼兒和兒童的情感需求，為他們提供一個快樂的環境，施教於樂，把學前教育辦成人生的第一個樂園，確保幼兒和兒童健康的成長。

秋庭戲嬰圖。

從事學前教育的機構一般是幼稚園，從事學前教育的教師一般稱為幼師，幼師必須掌握觀察幼兒、分析幼兒的基本能力，必須具備對幼兒實施保育和教育的基本技能。

學前教育學主要包括學前教育學、幼稚教育史、幼兒心理學、幼兒保健學、幼兒遊戲理論、幼稚園教育研究、幼稚園課程設計與實施、幼稚教育研究方法等分支學科。

## 小知識

福祿貝爾（西元1782年～西元1852年），德國教育家，幼稚園運動的創始人。其教育理論以德國古典哲學和早期進化思想為主要根據，以裴斯泰洛齊的教育主張為教育思想的主要淵源。1826年出版的《人的教育》是福祿貝爾的教育代表作，反映了他對哲學和教育學的基本觀點。

# 從蘇珊的帽子聯想小學教育

小學教育就是初等教育，或稱基礎教育，使受教育者打下文化知識基礎，做好進行初步生活、準備走向社會的教育活動。

蘇珊是一個可愛漂亮的小女孩，今年該讀一年級了。可是剛剛入學不久，她就遇到了大麻煩，身體長了一個腫瘤。蘇珊必須接受化療，這是殘酷的治療方法，三個月後，如同所有化療病人一樣，她的頭髮全部掉光了。頂著光禿禿的小腦袋，蘇珊心情沮喪極了，不知道該如何繼續以後的學習生活。

在蘇珊即將返回校園前，她年輕的女老師瞭解到這情況後，鄭重地對全班同學說：「孩子們，從下個禮拜起，我們要學習認識各種帽子。所以，你們都要戴著自己的帽子到學校來，而且樣式越新奇越好。」

禮拜一到了，離校三個月的蘇珊重新回到教室，當走到教室門口時，她的腳步沉重起來。她猶豫、擔心，不敢進去，因為她戴著一頂帽子，害怕自己成為同學們眼中的另類，引起大家議論和嘲笑。然而，蘇珊的遲疑很快便消失了，因為她意外地發現班上的每個同學都戴著帽子。同學們的帽子各式各樣、五顏六色，自己的帽子與之相比，是那樣普通，根本不會引起任何人注意。蘇珊的心情立刻放鬆下來，不安和沮喪的情緒頃刻間飄散不見了。

小學教育是學校針對六到十二歲少年兒童所實施的教育活動，在教育活動中屬於基礎教育。很多國家把小學教育視為義務教育，是兒童必須接受的，完成小學教育是每個適齡兒童的基本權利。

小學教育對提高一個國家或民族的整體文化水準，起著極其關鍵的作用。因此，各個國家或民族在其社會經濟文化發展到一定歷史階段後，都會

把小學教育做為實施義務教育的目標或普及全民教育的基礎。

小學教育階段，正是兒童的品德、智力、體質和審美能力形成，並得到充分發展的主要階段。

它具備了以下一些性質：第一，小學教育是為促進兒童智力、品德、體質、審美等全面完善和發展，打下最初堅實基礎的教育。第二，小學教育是為兒童將來接受中等教育、高等教育打下知識基礎和能力基礎。中等教育和高等教育的教學品質，都要依賴於小學教育品質的全面提升。

小學教育的學制一般為六年，兒童年滿六週歲後必須入學，接受在校教育。開設的課程主要包括國文、數學、自然科學、人文歷史、美育、生活常識、體育等類內容。

目前，世界各國的小學教育，日益注重加強對兒童基礎知識的傳授，重點在提高兒童的基礎學習能力。教學形式和方法日趨靈活多樣，既重視統一教學要求，也注意因材施教，根據學生的特點，發展特色教育。

## 小知識

梁啟超（西元1873年～西元1929年），中國近代史上著名的政治活動家、啟蒙思想家、教育家、史學家和文學家，戊戌變法領袖之一。曾宣導文體改良的「詩界革命」和「小說界革命」。著有《清朝學術概論》、《墨子學案》、《中國歷史研究法》、《中國近三百年學術史》、《先秦政治思想史》、《中國文化史》、《變法通議》等。其著作合編為《飲冰室合集》。

# 三毛「吃」鴨蛋吃出
# 中學教育的敏感性

中學教育就是中等教育，是在初等教育基礎上繼續實施的教育，包括普通中學和技職教育兩部分。其中主要部分是由普通中學構成，擔負著為高一級學校輸送合格學生以及培養各類專業技術人員的雙重任務，是一個國家普及教育的主體部分。

三毛是個純真的女子，在她的世界裡，不能忍受虛假，就是這點求真的個性，使她特立獨行，堅持自我。

著名作家三毛，其作品《撒哈拉的故事》曾經感動過億萬年輕人的心，創造了一段文學神話。

三毛本名陳平，談起她的成功，少年時代的一段經歷對她的成長影響深遠。

在讀國中二年級時，三毛的數學成績很差，總是不及格。生性敏感的她不甘落後，經過用心觀察和努力分析，她注意到老師每次出的考題，總是從課本的習題裡選出的，讓學生們做。三毛雖然數學差，可是記憶力超強，她注意到這個規律後，就採取強記硬背的措施，將習題集裡的題目和答案牢牢背熟，這樣考試時，她完全複製一遍，就能得滿分。

果然，接連六次考試，三毛次次滿

分。這一結果讓她感到極為振奮，卻引起了數學老師的懷疑：「這個學生一向數學極差，怎麼最近連續得滿分？是不是作弊了？」

老師為了驗證自己的疑慮，決定當面考核三毛。老師不愧是老師，很快想出了一個辦法，這天，老師把三毛叫到辦公室，給她一張數學試卷，滿有把握地說：「陳平，給妳十分鐘時間，請把這些題目做出來。」

三毛拿過考題，一看上面的題目都是國中三年級的，根本看不懂，更不要說演算了。她呆呆地坐了十分鐘，然後對老師說：「我不會。」

老師用一副滿臉不屑的神情，把三毛趕出辦公室。下一節課開始了，老師走進教室，對全班同學說：「我們班上有一位同學，她最喜歡吃鴨蛋了。今天我就請她吃兩個。」說完，她把三毛叫上講臺，然後拿起毛筆蘸滿墨汁，在三毛的眼睛周圍畫了兩個大大的黑圈。老師一邊畫一邊得意地笑著，「不用害怕，不會痛的，晾晾就好了。」

很快，「鴨蛋」畫好了，老師的聲音忽然嚴厲起來：「轉過身去，讓全班同學們好好看看！」

三毛當時只有十二、三歲，是個不懂保護自己的小女孩，聽從老師的話默默轉過身去，全班同學立刻哄堂大笑起來。

第二天，三毛來上學時，兩腿像是灌了鉛一樣，好不容易挪到教室門口，卻暈倒在地。從此，她患上自閉症，離開了校園。

中學教育和小學教育一樣，具有基礎性的特徵。其基礎性表現在，中學教育對青少年進行全面的綜合知識、綜合技能和綜合素質的教育，為他們走向社會，進行未來生活和未來發展奠定生存能力基礎。中學教育的主要目的是為了使學生成長為合格的公民和合格勞動者。一是為就業打基礎，二是為接受高一級學校教育做準備，三是為終生學習累積經驗方法。

　　普通中學的教育對象都是青少年，他們正處於青春期，身體發育快，心理和情緒變化大，是增長知識、學習技能、養成世界觀和價值觀、培養品德情操最重要最關鍵時期。因此，這一階段的教育，不僅包括智育教育、技能的發展，也包括身體教育、品德的修養、心理素質的發展等等。要把全面提高學生的智力素質、身體素質、心理素質和社會文化素質做為中等教育的主要目標，為培養合格公民，促進整個社會文明健康發展，發揮出教育應有的功能作用。

## 小知識

　　約翰‧弗里德里希‧赫爾巴特（西元1776年～西元1841年），德國著名的哲學家、心理學家和教育家，被譽為「科學教育學之父」。主要著作有《普通教育學》、《論世界的美的啟示為教育的主要工作》、《教育學講授綱要》等。

# 「現代大學之父」威廉・馮・洪堡
# 推行大學教育

大學教育又叫高等教育，它不同於初等教育和中等教育，不在義務
教育範圍內，是在初等教育和中等教育基礎上實施的專業教育，是
培養高級專門人才的一種學校教育活動。

在德國首都柏林有條著名大街──菩提樹下大街。這條街道全長一千多公
尺，兩邊種著四行挺拔的菩提樹，像一道翠綠的長廊。在街道的右邊，矗立著
世界上最有名的大學之一──洪堡大學。洪堡大學創建於一八一〇年，曾經聚
集過最優秀的學者和教授，如黑格爾、愛因斯坦，培育出一大批優異人才，其
中二十九位諾貝爾獎得主。

說起洪堡大學，就不得不提創建者威廉・馮・洪堡的故事。他從小與弟弟
亞歷山大一起接受良好的教育，但這對兄弟志趣不同，哥哥威廉熱衷於教育事
業，成為當時的普魯士教育大臣；弟弟亞歷山大喜歡探險旅行，讀大學時就遊
歷了英國。

後來，洪堡兄弟的母親去世，為兄弟倆留下一大筆遺產。這時，哥哥威廉
開始著手自己的教育改革事業，在他的努力下，以「研究教學合一」為精神創
辦的大學成立了，就是洪堡大學。根據威廉的理念，這所大學成為「現代大學
之母」。學校提倡學術自由，以知識和學術為最終目的，擔負著雙重任務，一
是探求科學真知，二是提高個性與道德修養。

在此之前，歐洲或其他地方的大學，大多強調務實精神，以培養教師、公
職人員或者貴族為主，對學術研究重視不夠。在威廉・洪堡新觀念宣導下，洪

83

堡大學成為二戰之前世界的學術中心，大批學者、大師聚集於此，留下了寶貴的身影。

所以後人說：「沒有洪堡大學就沒有光輝燦爛的德意志文明。」

威廉創辦洪堡大學之際，弟弟亞歷山大完成了幾次旅行考察壯舉，他攀登了厄瓜多爾的欽博拉索山，並創下五千七百公尺的最高紀錄。他遊歷俄羅斯，直達中國邊境。他三次登上維蘇威火山，考察過印第安人，還潛入泰晤士河底。這些成功的研究和發現，讓他贏得尊重和歡迎，在歐洲名聲大振。

憑藉著自己的聲譽，以及對旅行的熱愛，亞歷山大在洪堡大學開設了一門全新課程——「宇宙」講座，豐富了洪堡大學的學術研究內容。正是他的介入，使得學校開始注重自然科學的研究，讓自然學科得到了迅速發展。

大學教育又叫高等教育，它具有三項功能：第一，為社會培養各種高級人才。第二，進行科學研究和實驗。第三，服務社會，為社會解決各種難題和挑戰，提供人才和解決思路。

高等教育的發展歷史，源於中世紀的大學，後來經過幾百年的發展，美、英、德等國家的大學不斷轉型，為高等教育的下一步發展，提供了更加廣闊的前景和方向。

無論是教育性質

哲學家黑格爾曾經說過：「沒有洪堡大學，就沒有光輝燦爛的德意志文明。」

還是社會職能、人才培養目標和教育對象的身心發展狀況，大學教育與初、中級的基礎教育都不同，師生關係、學生實現學習與發展的途徑、方法等眾多方面，都要比基礎教育複雜得多。大學教育是建立在基礎教育之上的專業教育，培養的是各個學科、各個專業領域中的高級專門人才。為此，大學教育具備了以下特點，那就是專業性、階段性、創造性、開放性和自主性。

大學教育的專業性，決定了它在教學思想、教學方法等眾多方面都與基礎教育不同。大學教育是以傳授專業的基本理論、基本知識、基本技能為主要的教學任務，全部的教學活動，包括課程內容、教學組織形式、教學計畫大綱、教學方法和方式等等，都要圍繞著專業要求來進行。為學生將來適應某個專業的要求，建構一個知識能力結構框架，使之具備解決專業問題的基本能力和素質，為社會培養多方面專業性人才。

## 小知識

赫伯特‧史賓塞（西元1820年～西元1903年），英國社會學家，被譽為「社會達爾文主義之父」，主張把適者生存的理論應用在社會學上，尤其是教育及階級鬥爭中。著有《心理學原理》、《第一原理》、《教育》、《生物學原理》、《社會學研究》、《社會學原理》、《倫理學原理》等。

# 賣油翁的表演屬於職業教育範疇

職業教育就是指一種關於職業技能的教育活動，使受教育者獲得某種職業或者某種生產勞動所需要的相關職業知識、工作技能以及職業操守的教育。

北宋年間，有個叫陳堯咨的年輕人，練就一手射箭的絕活，名震當地。有一天，他在自家後花園練習射箭，十之八九都能射中，旁觀的看客們紛紛拍手叫好，陳堯咨也很得意。

可是，圍觀的群眾中有個賣油的老翁，頗不以為然，他只是略微點點頭，表示認可。陳堯咨看在眼裡，氣在心頭，很不高興地走過去略帶訕笑地問：「老人家，我射箭的水準怎麼樣？」

老翁真是不識抬舉，他斜著眼睛瞄了瞄陳堯咨，淡定地回答，「你射得很準，但並沒有什麼奧祕，只是手法熟練罷了。」陳堯咨的自尊心受到了傷害，又不便發作，就追問老翁說：「那你有什麼本事啊？亮出來讓大夥兒瞧瞧。」

老翁也不甘示弱，默默地掏出一枚銅錢蓋在盛油的油葫蘆口上，用勺舀了一勺油，高高地舉起，倒向銅錢口。只見一條細細的線穿過銅錢口，流到了葫蘆裡。整勺油倒完，未見銅錢沾上半點油星，觀眾嘖嘖稱奇。老翁抬頭對陳堯咨說，「我也沒什麼獨特的奧祕，只不過手法熟練罷了。」

賣油翁的表演非常職業，他所掌握的倒油技能，就屬於職業教育範疇。

職業教育是以培養社會應用型人才為目的，使之成為具有一定的文化水準和專業知識技能的勞動者。與普通教育和成人教育相比，側重於對受教育者的實踐技能和實際工作能力的培養，例如對員工的職前培訓、各種職業學

校的職業技能培訓等等，都屬於職業教育。

職業教育分為學歷教育和非學歷教育兩種，針對社會勞動力市場的需求和某職業的具體技術要求，培養大量掌握先進技術的應用人才和熟練工人。它是國民教育的重要組成部分，在教育結構的發展戰略上，佔有重要的地位。

一般來說，職業教育體系常常包含職業學校教育和職業培訓兩部分內容。職業學校教育是一種學歷教育，分為初等職業學校教育、中等職業學校教育和高等職業學校教育三個級別。初等職業教育，是在受教育者完成小學教育基礎上實行的職業學校教育；中等職業教育，是受教育者在完成國中教育的基礎上所進行的學校職業教育，這種職業教育在各個國家比較流行，成為一種普遍採用的職業教育形式；高等職業教育，是受教育者在完成高級中學教育的基礎上所接受的學校職業教育，它以培養高級技術人才為主，與行業關係緊密，為行業配套，是很多發達國家經常採取的一種職業教育。

職業培訓是一種非學歷教育，具有短期性和實用性的特點，針對性極強，形式多樣，是很多企業常常採用的職業教育形式。

## 小知識

康斯坦丁・德米特里耶維奇・烏申斯基（西元1824年～西元1871年），著名教育家，俄國教育學體系的創立者和教科書編寫者。他的著作是當時教育工作者的必讀書，所以他又被稱為「俄國教師的教師」。著有《論公共教育的民族性》、《勞動在心理和教育上的作用》、《人是教育的對象》等。

# 天鵝之死在於過重的課外教育

課外教育，是在學校教育的課程計畫、學科課程標準以外，利用非課時時間，對學生實施的各種有目的、有計畫、有組織的非課堂教育活動。

清 黃慎《漁翁漁婦圖》。

有一個美麗的湖泊，湖中有個小島，島上生活著一對靠捕漁為生的夫婦。丈夫每天搖船捕魚，妻子負責家務，日子雖說清貧，倒也安詳自得。他們除了購買油鹽醬醋，很少與外界來往。

一年秋天，一群天鵝從遙遠的北方飛到了小島上，牠們準備到南方過冬。夫婦倆見到這群遠方來客，格外激動，他們在此居住多年了，還沒有見到過如此美麗的天鵝。為了招待這群來客，夫婦倆拿出了最好的食物，還有最新鮮的小魚。天鵝們享受著美味和熱情，很快與這對夫婦成為好朋友，牠們不僅可以自由自在地在島上遊玩，還可以跟隨漁船出行，嬉戲左右。

漸漸地，冬天的腳步越來越近

了，天鵝們該南飛了，可是夫婦倆捨不得牠們離開。他們想出了辦法，白天讓天鵝們快樂地在湖上覓食，晚上就為牠們打開茅屋，讓牠們進來取暖。當湖面冰封之後，夫婦倆拿出食物餵養牠們。有了這種無微不至的關愛，天鵝們在島上幸福地生活下來，一直到了春天。

日復一日，年復一年，天鵝們成了島上的長期居民，再也想不起南飛了。夫婦倆自始至終奉獻著他們的愛心，關照著可愛的天鵝。

然而，夫婦倆逐漸衰老，終於有一天他們走不動了，相繼離開人世。沒有了人類的關照，天鵝們的身影也很快消失不見了。原來在冬天來臨時，牠們不知道南飛躲避嚴寒，又沒有茅屋取暖，只能活活凍死、餓死。

天鵝之死，預示著過多的關愛是一種負擔，會加速滅亡。

課外教育是學生學校教育的重要補充形式，它的興起，是傳統的封閉型教學向現代開放型教學的具體體現，是培養和訓練學生良好的動手能力和累積社會生活經驗的重要途徑。在學生意志力、情感力、公民意識培養上，起著不可估量的作用。

做為一種有效的教育方法，課外教育有以下優點：

第一，有利於開闊學生的視野，獲得課堂上學不到的社會新知識。由於課外教育不受學科課程標準和教材的限制，學生可以根據自己的興趣與愛好，廣泛涉獵各種新知識，接觸自然界各種新鮮事物，參加各種豐富多彩的社會活動，吸收來自社會各方面的資訊，以此提高學生的觀察力、思考力和意志力。

第二，課外教育可以根據學生的性格特點，因材施教，發展學生的個性特長。有利於學生根據自己的差異性特點，滿足自己對不同知識的需求，進而揚長避短，激發自己的興趣與愛好，增強學習知識文化的興趣。同時，有

利於教師因材施教，培養學生的優勢科目，更好地發揮人才的專長。

　　第三，由於課外教育以學生的親身實踐為主，不僅使學生培養了觀察能力、動手能力，得到實際能力的鍛鍊，還能夠培養學生的思維能力，解決實際問題的能力。這對培養學生的社會適應能力有著很大的幫助。

　　第四，課外教育能夠增強學生的公民意識，培養學生的社會責任感，有利於學生感情的成熟和增強對社會直觀深刻的認識。

## 小知識

讓‧雅克‧盧梭（西元1712年～西元1778年），法國著名啟蒙思想家、哲學家、教育家、文學家，是18世紀法國大革命的思想先驅，啟蒙運動最卓越的代表人物之一。主要著作有《論人類不平等的起源和基礎》、《社會契約論》、《愛彌兒》、《懺悔錄》等。

# 造父學駕車得益於會處理師生關係

師生關係是指學校教育中，教師和學生在教育、教學過程中形成的相互關係，是人際關係的一種表現形式。包括彼此所處的地位、所起的作用和相互對待的態度等，是由教與學這種特殊的關係體系構成的、雙方互動的關係模式。

造父是中國古代的著名駕車能手，像所有身懷絕技的人一樣，他的本領也是透過拜師學藝學來的。造父跟隨泰豆氏學習駕車，總是謙恭有禮。然而他拜師三年了，泰豆氏卻什麼也沒有教他。

這時，與造父一起學習的人有些不滿了，抱怨說：「師父什麼都不教，我們為什麼還要尊敬他？」有的甚至出言不遜。但造父沒有人云亦云，他一如既往地尊重師父，盡到一位做弟子的禮儀，絲毫都不怠慢。

有一天，泰豆氏忽然對造父說：「古人說，擅長製造弓的人，一定要先學習編織簸箕；擅長冶金煉鐵的人，一定要先學習縫補皮襖。現在你想學習駕車的技術，就要先跟我學習快步走路。只有像我一樣走得這麼快，才能夠手執六根韁繩，駕馭六匹馬拉的大車。」

造父聽了這話，十分高興，趕緊說：「我一定遵從師父的教導，好好練習。」

於是，泰豆氏在地上豎起木椿，鋪成一條窄窄的道路，然後他踩在上面，快步如飛地穿行。造父按照師父的示範動作去做，只用了三天時間，就掌握了快步走路的技巧。

泰豆氏看到造父學習進展神速，十分感慨地說：「真是機敏靈活！像你這

《八駿圖》中的八匹馬傳為周穆王御駕坐騎，謂「王馭八龍之駿」，由善馭者造父駕馭。

麼快掌握快行技巧的人，實在不多見。」說完，他進一步指導造父關於駕車的技巧。他說：「走路離不開腳，同時要受到心的支配，你如果能夠按照這個原理去駕車，從內心深處瞭解到要使六匹馬走得整齊劃一，必須掌握好韁繩和嚼口，讓馬能夠緩急適中地走路，相互之間配合一致。同時，你還要瞭解馬的性情，知道如何控制牠們，如何轉彎，如何進退，如何節約體力。做到這一切，除了雙手熟練地操作韁繩外，全靠心的指揮。那麼，你駕著馬車上路後，不用眼睛看，不用鞭子趕，完全放鬆心神和身體，也可以做到韁繩不亂，馬的落腳點不差分毫，進退自如有節奏。這些就是我的全部駕車技術，如果你能領會到這個原理，按照我說的去做，以後不管駕車行走在什麼樣的道路上，都是一樣的。希望你好好記住。」

造父學駕車體現的是一種師生關係。它是在一種特殊的秩序規範下維繫的關係，既受到教育活動規律的制約，也受到社會關係的影響。不同的社會形態、文化背景和社會習俗，都會導致師生關係體現出不同的處理方式。

師生關係在教育活動中，是責任和義務的關係，是開展教學活動的前提和保證，是實現教學目標的關鍵途徑，直接影響著教學的效果和教學的品質。同時，從人際關係的角度看，師生關係又是平等和民主的關係。因此，師生關係在教學

上，又存在著互相期待的效應，學生期待老師教的更好，老師期待學生學的更好。

由於師生關係不是一種單一的關係形式，其中包含了教學關係、師從關係、個人關係、心理關係、道德關係、管理關係等多重關係，構成了一個多層面的關係體系。所以，如何處理師生關係，就成了教學成敗的關鍵，因為所有的這些多層次關係，都以師生關係為基礎。沒有了這層關係，其他關係就失去了存在的依據和意義。在教與學中，教師是主導，學生是主體，只有良好的師生關係，才能保證課堂教學順利進行，才能保證教學目標高品質地實現，才能確實保證教學相長。

在教學活動中，師生關係是重要的教學變數，良好的師生關係不僅有利於提高教師教學的積極性，而且有利於提高學生學習的積極性，二者相輔相成，才能真正促進教育活動的順利開展。

## 小知識

蘇霍姆林斯基（西元1918年～西元1970年），前蘇聯著名教育實踐家和教育理論家。在從事學校實際工作的同時，進行了一系列教育理論問題的研究，寫有《給教師的1百條建議》、《把整個心靈獻給孩子》、《巴甫雷什中學》、《公民的誕生》、《失去的1天》和《給女兒的信》等教育專著。

# 搬動的木頭就像教師手中的教材

教材是學校教育活動中，用於向學生傳授知識資訊、專業技能和思想意識的各種材料，由資訊、符號和媒介三個基本要素構成。

二戰時期，有一位獨身老人生活在偏僻的山村裡。他每天日出而作日落而息，日子過得十分簡單。可是隨著戰事發展，這位老人的生活也跟著變了樣。

村子雖然地處偏僻，但是經常有潰敗的士兵路過這裡。這些士兵們一無所長，飢寒交迫，沒有辦法，只好到各家各戶乞討。一開始，人們還能夠招待他們，送給他們衣服、食物，慢慢地，很多人變得不耐煩了，畢竟生活物資有限，誰也不能長期地供養士兵。

與一般人做法不同的是，獨身老人並非白白地送給士兵們衣物，而是要求他們工作。按照工作量多少換取衣物。老人有什麼工作需要做呢？很簡單，他要求士兵搬動院子裡的一堆木材。

士兵很高興，他們付出了勞動，獲得了回報，這是應該的。第一位工作的士兵很快就把木材從院子的東邊搬到了西邊。老人笑瞇瞇地款待他飯菜，還鼓勵他回去後好好生活。這位士兵吃飽喝足，滿懷信心地回家了。

第二位士兵來了，他的工作是把那堆木材再搬回去。他做得也很好，在老人的款待和鼓勵下也高高興興回家了。

第三位士兵進門後，老人指著木材說：「你幫我把這堆木頭搬到院子西邊。」於是這位士兵按照老人的吩咐做了，自然得到應有的報酬。

就這樣，每位進門的士兵都找到了工作，就是不停地搬動院子裡的木頭，

從東到西，再從西到東，來回循環不只。最後，人們發現了老人的祕密，忍不住問他：「你這是做什麼？為什麼要他們做這些無用的工作？」

「這不是無用的，」老人回答，「我為他們提供勞動的機會，他們才能心安理得地吃飽肚子。」

廣義的教材是指教育活動中，課堂上和課堂外，教師和學生使用的所有教學的有關材料，除了課本、練習冊、補充練習、輔導資料外，還包括錄音帶、錄影帶、幻燈片、照片、卡片、教學實物等。而狹義的教材要嚴謹得多，僅指教科書，一個課程的核心教學材料，無論是教師還是學生，都要依據此教材來進行教學和學習。

教材編寫要按照一定的組織方法，採取一定的編排方式，進行合理編寫。

組織方法有三種：

第一，按照有關科學知識、文化資訊的內在邏輯順序組織教材。這種組織法叫邏輯式組織。

第二，以學生為本位，依據學生的興趣、能力和需要，以學生的經驗做為組織教材的出發點，在教學中依據學生實際情況，逐步擴大教材的內容範圍，進而使學生自覺學習、快樂學習。這種教材組織方式被稱為心理式組織，它一般不考

慮知識體系的完整性。

第三，兼顧學科和學生兩方面的需要，既要顧及學生的興趣與愛好、能力需要，又要兼顧知識系統的完整性，取二者的優勢，折衷處理。這種教材組織方式叫折衷式組織，它在不同的學科和學生學習的不同階段，也會有所側重。

教材的編排方式，一般並不複雜，編排方式將決定一個年級中，某門學科的教學內容，將按照怎樣次序進行編排，或者一門學科在幾個年級中的排列次序。一般的教材排列方式有直線式排列和螺旋式排列等幾種形式。

## 小知識

班傑明‧布盧姆（西元1913年～西元1999年），美國著名的心理學家和教育學家。他整個教學理論的核心內容是「掌握學習」理論，並率先建立了教育目標分類系統。著作有《教育目標分類學：第一分冊，認知領域》、《掌握學習》和《人類特性與學校學習》等。

# 張伯苓戒菸戒出教師的基本素養

教師是教育的主要資源，是實現教育目標的關鍵因素，教師的素
質，決定了教育品質的高低。

張伯苓是中國著名的愛國教育家，從青年時代起，他目睹清政府腐敗無能
和帝國主義列強對中國的欺凌，遂立志興辦教育，抵禦外侮，振興中華。在將
近半個世紀的歲月裡，他從傳授「新學」的家館開始，逐步創辦了南開中學、
南開大學、南開女中、南開小學、重慶南開中學，為國家培育了許多優秀人
才。

張伯苓一生辦學，被稱為「南開先生」。他在世的七十五年，大部分時間
都用在了南開系列學校，可謂殫精竭慮，從無保留。

在教育實踐中，張伯苓先生曾經說：「正人者，必先正己，要教育學生，
必先教育自己。」

有一次，張伯苓先生在南開中學看到一個學生，手指被菸燻得發黃，就立
即對他說：「抽菸對年輕人身體有害，你瞧你，手指都被燻黃了，不能再抽
了，應該戒掉它。」

學生聽了這話，竟然回答道：「先生你不是也抽菸嗎？」

張伯苓先生當即一愣，但他沒有生氣，反而強烈地意識到，要想教育學
生，必先教育自己的意義。他想：「做為校長、老師，凡事都要以身作則，才
能教育好學生。」於是他讓校工把自己的香菸全部取來，然後當著全體師生的
面銷毀了。

張伯苓先生與學生的合影。

　　這件事在南開中學影響深遠，從此之後，在校學生再也沒有一個人抽菸了。

　　一般認為，「教師」這一辭彙有雙重含意，一是指一種社會角色分工，二是指這種角色的直接承擔者，也就是擔任這種角色的人。廣義的教師包括了所有傳授經驗知識的人，而教育學範疇的教師，多是指狹義的教師，即那些受過專門的教育和訓練，並在學校教育活動中從事教育、教學的專業人員。

　　從事教育工作的教師必須具備基本的素質，包括精神素質、知識素質、道德素質和能力素質等幾個方面的素質。

　　教師的精神素質是其取得教學成功的精神力量，本著教學相長的原則，教師要有勤奮好學、積極進取、勇於創新的精神和堅忍不拔的毅力，在教學中要保持飽滿的熱情和積極的精神面貌。

教師有了好的精神面貌，還必須要具備知識素質。知識素質是教師能否從事教育工作的基礎，教師既然是科學文化知識的傳播者，其自身就必須要是科學文化知識的擁有者，要有牢固的基礎理論知識，還要具備精深的業務教育知識。

道德素質，也是教師必須具備的基本素質。教師的道德素質，主要表現在要具有崇高的職業道德感上，不僅要教書，還要育人。而育人的首要條件就是以身作則，教師的道德品格，將會對學生起到潛移默化的作用，因此，教師的道德素質是教師人員選拔的重要依據。

教師的能力素質包括教學能力、創新能力和接受新事物的能力，這些能力都是教學活動中所必備的能力，這種能力既包含教師要具有先進的教育思想，也包含教師要有先進的教育方法。只有具備了這些能力素質，才能成為一個合格的教師。

## 小知識

傑羅姆・布魯納（西元1915年～），美國心理學家和教育家，結構主義教育流派的代表人物之一。在教學方法上，他提倡「發現學習」。主要教育著作有《教育過程》、《論認知》、《教學論探討》、《教育適合性》等。

# 紀昌學射，懂得尊重課程目標

廣義的課程目標，定位在教育與社會的關係上，涵蓋教育的多個層次，既包含了教育意圖、教育方針等屬於社會關係的內容，也包括了狹義課程目標。狹義課程目標，定位於教育內部、教育與學生的關係上，主要是指教育目標，包括教育目的、培養目標、課程教學目的和教學目標，而教學目標又可細分為年級教學目標、單元教學目標和課時教學目標。

甘蠅是中國古代擅長射箭的高手，據說他拉開弓還沒有放箭，野獸就會倒地，飛鳥就從高空落下。飛衛是甘蠅的一名弟子，不但掌握了師父的射術精妙，本領還超過了師父。

紀昌聽說飛衛的射術如此高超，就前來向他學習射箭的技巧。飛衛對紀昌說：「你先回去練習看東西不眨眼睛，等到達到一定水準，我再與你談論射術的事。」

紀昌聽從飛衛的話，回到家後，仰面躺到妻子的織布機下，眼睛一眨也不眨地盯著來回穿梭的梭子看。他這樣練習了三年，即使拿錐子尖刺向他的眼睛，他也不眨一下眼。

紀昌覺得自己練得差不多了，就又來到飛衛那裡，對他講了自己的情況。飛衛聽了，還是沒有教他射箭的技巧，而是說：「這還不夠，你還要學會把小東西看成大東西，看細微的東西像顯著的東西一樣，然後再來與我談論射術。」

紀昌回到家後，用犛牛尾巴的毛拴著一隻蝨子，掛到窗子上，然後盯著

牠看。這樣過了十天後，紀
昌眼裡的蝨子漸漸變大了。
經過三年刻苦努力，蝨子在
紀昌的眼裡變得有如車輪一
般大，他放眼看其他東西，
都像山丘一樣高大。於是，
他就用燕地的牛角裝飾自己
的寶弓，用北方的蓬竹做
箭，射向那隻懸掛在視窗的
蝨子，結果正好射中蝨子的
心，而犛牛尾巴的毛絲毫無
損。

當紀昌把練習的情況彙
報給飛衛時，飛衛高興極
了，他手舞足蹈，拍著紀昌
的胸脯說：「太好了，你已
經掌握了射術的訣竅！」

在古希臘神話中，「狩獵女神」阿蒂蜜絲的箭術最高超。

紀昌學習射箭，為自己
制訂了詳細的訓練目標，這
些目標，按照現在的教育眼光來看，就屬於課程目標。

課程目標具有整體性、階段性、持續性、層次性和遞進性等特點，根據
其性質，又可分為三種目標：

第一種是行為取向性目標，這類課程目標主要是預設學生的學習目標，
期待學生的學習成果。這種目標具體、明確，便於操作和評價，具有導向、

101

控制、激勵、評價等功能，為一般學校教育中所普遍採用，屬於常規性課程目標。

第二種是生成性課程目標，這種目標顧名思義，即不是由外部事先預設目標，而是在教育活動中，隨著教學過程的展開，自然而然生成的目標。關注的重點在教學過程，側重於學生的興趣和能力差異，強調目標的適應性和偶然性。

第三種是表現性課程目標，這類目標是指在學校教育教學活動中，以學生的精神創造、思維批判為主，適合那些以學生為主導的課程安排。

影響課程目標制訂的因素，主要有學生學習的需要、社會生活對學生未來生活的要求和學科體系建設的需求。

## 小知識

董仲舒（西元前179年～西元前104年），漢朝思想家、哲學家、政治家、教育家。他把儒家的倫理思想概括為「三綱五常」，即「君為臣綱，父為子綱，夫為妻綱」和「仁、義、禮、智、信」。此外，他行教化、重禮樂，並提出了神學化的人性論，認為人受命於天，講求「天人感應」。

# 鸚鵡治病治出教師在教學中的作用

教書育人，教師應要能激發學生學習熱忱的作用，唯有學生願意學、喜歡學，才能學習好。要教會學生學習的方式和方法，只有學生掌握了對的學習方法，才能真正學到教師所傳授的知識技能，並熟練運用。

美國加州有一位女士，非常喜歡鸚鵡。

有一年，她花費重金購買了一隻漂亮的鸚鵡，把牠視如珍寶，恨不得天天捧在手心。可是不久之後，女士發現這隻珍貴的鸚鵡經常咳嗽，而且聲音十分難聽，好像喉嚨裡卡了痰，咳不出來。

女士為此頗為著急，她擔心鸚鵡患了呼吸系統的毛病，説不定還會危及生命，於是急急忙忙帶著鸚鵡來到寵物醫院，請求獸醫給予最好的診治。她説：「醫生，不管花多少錢，都請你醫治好牠的病。你也許不知道，沒有牠我會活不下去的。」

醫生仔細檢查鸚鵡的身體，可是所有結果都顯示：鸚鵡完全健康，沒有任何疾病。這是怎麼回事呢？女士忙問：「那牠為什麼經常咳嗽，聲音還非常嘶啞難聽？」

鸚鵡以其美麗無比的羽毛，善學人語技能的特點，自古為人們所欣賞和鍾愛。

醫生想了想，打量一下眼前的女士，然後說道：「我聽說過一句話，『鸚鵡學舌』。據我看，您的鸚鵡之所以咳嗽，一定是因為牠經常聽到這種聲音，牠是在模仿。請您想一想，您家裡有沒有人經常發出這種咳嗽聲？」

女士皺著眉頭一想，當即不好意思地笑了，原來她是一位老菸槍，菸抽很大，因此經常咳嗽。鸚鵡日日陪伴她的身邊，對她的咳嗽聲太熟悉了，由於善於模仿的本性，這隻鸚鵡也就維妙維肖地把女主人的咳嗽聲模仿出來了。

教師是指那些受過專門教育和訓練，並在學校教育中向學生講授科技文化知識、傳遞各種技能、提高學生體質、培養學生素質和公民意識的專業人員。其工作性質，決定了教師在教學中的地位和作用。

教師的工作目的是教書育人，不僅傳授文化知識資訊、傳承文明，還是道德情操、上進精神、理智穩重、以身作則、守法公民的典範。自身的使命和職業，都具有特殊性，一言一行都會對學生的成長，產生極大的影響。

首先，教師形象有其準公共性。在大多數情況下，教師始終處於學生、家長、社會的關注之下，屬於某特定範圍內的公眾人物，其活動帶有很大的

示範性。於是，社會自然要求教師要善於塑造和維護自己的職業形象，在教育教學活動中起到正面引導、率先垂範的作用。

其次，教師的職業環境較封閉，工作績效具有很大的模糊性，考核難度性比較大，加上師生關係存在著天然的隱蔽不平等性，導致教師在教學過程中的作用也帶有極大的不穩定性。

這時，就需要教師要起到激發學生學習熱忱的作用，唯有學生願意學、喜歡學，才能學習好。同時，要教導學生學習的方式和方法，只有學生掌握了正確的學習方法，才能真正學習到教師所傳授的知識技能，並能熟練運用。發揮好以上這些作用，教師在教學中的價值才能充分體現出來。

## 小知識

胡瑗（西元993年～西元1059年），北宋著名的學者和教育家，為「宋初三先生」之一。慶曆二年（西元1042年）起任湖州州學教授十年，所創湖學，被定為「太學法」推行全國。他終生從事教育，主張「致天下之治者在人才，成天下之才者在教化，教化之所本者在學校」。

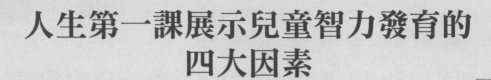

# 人生第一課展示兒童智力發育的四大因素

在人類教育中，兒童智力的發育受到來自四個方面因素的影響。首先，兒童自身身體、大腦生理因素的影響；其次，教師的影響；再次，教育環境的影響；最後，教材的影響。這四個方面綜合作用，最後形成兒童智力的發育水準和狀況。

在一家幼稚園裡，剛剛入園的孩子們在老師帶領下，蹦蹦跳跳地來到了圖書館。

圖書館的地上鋪著地毯，孩子們很隨意地坐下來，歪歪斜斜的樣子，就像是在家裡一樣。這時，圖書館的老師微笑著走上來，在她身後，是一排排整整齊齊的圖書。

孩子們好奇地看著圖書館裡的一切，不知道將迎來怎樣的人生第一課？

老師開口說話了：「小朋友們，我講個故事給大家聽好不好？」

「好！」孩子們的回答十分整齊。

老師得到孩子們的認可，才轉回身從書架上抽出一本書，然後翻了翻，講了一個淺顯易懂，又十分有趣的童話故事。

「小朋友們，」老師闔上書本說，「我講的故事就在這本書裡，是一個作家寫的。你們長大了以後，也一樣可以寫出這樣的故事。」

說到這裡，老師盯著孩子們話鋒一轉：「現在有哪位小朋友要來給大家講

故事呢？」

有個孩子站起來了，他斷斷續續地説：「我有一位爸爸，還有，還有一個媽媽，還有……」他稚嫩的聲音聽上去那麼好玩，簡直是語無倫次。可是老師沒有笑，而是很認真地拿出一張紙，仔細地、完整地記錄著這個孩子入園後的第一個故事。

故事講完了，老師揚著手裡的紙説：「哪位小朋友願意為這個故事畫幅插圖？」

另外一個孩子站出來了，他握著彩色筆，在空白的紙上這裡畫個「爸爸」，那裡畫個「媽媽」。雖然畫得不像樣子，可是老師卻認真地看著，並在孩子完成後，把這幅插圖附在那頁故事後面。然後老師取出精美的封面紙，把它們釘在一起。在封面上，老師寫下了作者的姓名、插圖作者的姓名，還有「出版」的年月日。

現在老師舉起這本合作完成的「書」，興高采烈地説：「孩子，祝賀你，這是你的第一本著作。看見了吧？寫書並不難。你們還是小孩子，只能寫這類小書，等你們長大以後，就可以寫各種大書，成為偉大的人物。」

不知不覺，孩子們接受了人生第一課。

每個兒童的大腦發育狀況都不同，皆存在著個體的差異性，這種差異性導致兒童的智力發展方向不盡相同，具有各自不同的興趣點，接受外界刺激的反應能力也不同。教師對兒童智力的開發，要針對兒童個體大腦發育的差異，採取適合兒童興趣的啟蒙方法，加以恰當的引導，逐步開發兒童的智力發育。

教師在兒童智力發育過程中，起著至關重要的作用：

首先，教師的啟蒙會影響到兒童智力的發展方向，從哪方面開始對兒童智力進行啟蒙，是教師必須慎重考慮的問題。

其次，教師言行對兒童起著示範的作用，是兒童學習模仿的對象。

再次，教師所教授和傳遞的知識資訊，對兒童的智力發育起著直接的先導作用，其影響具有感染性和權威性，並帶有終生性特點。

所以，教師在兒童智力發育過程中扮演的角色，將成為兒童智力發育的關鍵。

教育環境對兒童智力發展的影響是多方面的，教育所處的環境離不開社會，在社會大環境作用下，形成教育小環境。有什麼樣的小環境就會塑造什麼樣的兒童性格，所以，教育環境的培育，在兒童教育中不可忽視。

教材是為了配合兒童智力發育所使用的工具，其目的是為了使兒童能夠在遊戲中，激發兒童的想像力和創造力。這樣，兒童就能夠在快樂的遊戲中，開發智力，促使智力自由、自主、全面得到發育和發展。

## 小知識

讓‧皮亞傑（西元1896年～西元1980年），瑞士心理學家、教育家、發生認識論創始人，以其對兒童智慧發展規律的創造性研究而聞名於世。主要著作有《兒童的語言與思維》、《兒童的道德判斷》、《兒童符號的形成》、《從兒童期到青年期邏輯思維的發展》、《發生認識論》等。

# 兩百名黑人孩子的預測報告
# 不敵班集體的教育功能

　　班級是學校開展教育教學活動及其管理的基本單位，也是學校行政
管理的最基層的組織。一個班級通常是由一位或幾位學科教師和一
定數量的學生共同組成，整個學校教育功能的發揮，透過一個個班
級活動來加以表現。


　　有位大學教授帶著他的學生來到美國某地的貧民窟進行調查研究，他的課
題中有這麼一項：對該區兩百名黑人孩子的前途做預測。

　　教授的學生們都很認真地調查，並很快將調查報告整理好，得出一個結
論：該貧民窟的兩百名黑人孩子的將來，都被認定為「一無是處」、「終生碌
碌無為」等等。這個結果很令人沮喪，但教授卻默默地將這次調查結果裝進檔

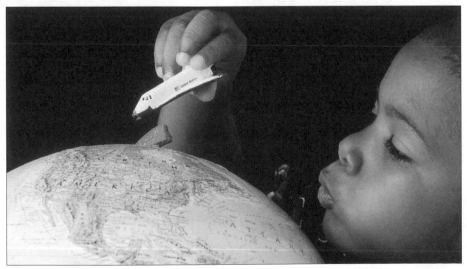

憧憬。

案室封存起來。

四十年後，老教授早已過世，繼任者從檔案室裡發現了這份報告，不由得產生了好奇心，並根據檔案找到當年調查的貧民窟。他驚奇地發現，當年被調查的兩百名黑人孩子中，除了二十個人離開故地不知所蹤外，其他一百八十名黑人孩子都獲得了相當的成就，他們之中不乏金融家，律師和知名運動員。

繼任者採訪的這些昔日的黑人孩子說：「你之所以能取得現在的成就，最該感謝的人是誰？」

「當年的小學老師。」繼任者從中發現他們無一例外都這樣回答。

於是，繼任者帶著好奇心找到當年的小學教師。此時，這位小學教師早已跨入耄耋之年，吐字不清，可是他有一句話任何人都聽得懂：「我愛這些孩子。」

在學校教育中，學校必須把學生按照一定的標準組織起來，而班級就是最有效的教學組織之一。

　　所謂的班級，就是學校為實現設定的教育目標，將年齡基本相當、文化程度和基礎大體相同的學生，按照一定人數規模建立起來，以便實施教育教學管理的組織。

　　班級是學生接受知識性教育的直接資源，也是學生社會化和進行自我教育的有效資源。學生如何利用好班級的資源，主要來自於班級管理的水準和狀態。班級管理是個動態的過程，它是教師根據一定的教學目的要求，採用一定的方法和措施，組織帶領全班學生，對班級中的各種有效資源，進行合理的計畫、組織，並加以協調和控制，用以實現教育目標的組織活動過程。班級的活動狀況，將直接關係到學生的學習和生活，關係到教師的「教」和學生的「學」的品質，關係到學生的身心健康和全面發展。所以，任何一個好的學校，都會把班級管理做為學校教育管理的首要任務。

　　班級管理的主要對象是學生，對學生的管理，是對班級中各種資源管理的重點。班級管理體現了教師和學生之間的雙向互動，是一種動態的人際關係。為此，班級管理必須人性化，本著民主、平等的原則，有計畫、有組織地協調展開。

## 小知識

　　武訓（西元1838年～西元1896年），字蒙正，自稱得了義學症，諡號義學正。中國近代群眾辦學的先驅者，享譽中外的貧民教育家、慈善家，「訓」則是清廷嘉獎他行乞興學時所賜。

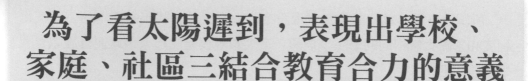

# 為了看太陽遲到，表現出學校、家庭、社區三結合教育合力的意義

教育合力就是指將學校教育、家庭教育和社區教育有機結合在一起所形成的力量。它是以學校教育為主體，家庭教育為基礎，社區教育為依託的三位一體，全方位的教育模式，共同擔負起教書育人的重任。

自從兒子上小學後，媽媽就特別留意，害怕兒子的學業會跟不上大家，或者學習出現問題。真是怕什麼來什麼，最近幾天，老師連續打電話告訴媽媽：「你兒子這幾天總是遲到，家裡有什麼困難嗎？希望妳能注意一下。」

媽媽十分生氣，也十分詫異，每天早上她總是早早地為兒子準備早餐，看著他吃飽後把他送出家門，為什麼還會遲到呢？肯定是他偷跑到別處玩去了，

日出。

想到這裡，她恨不得教訓兒子一通。可是她沒有這麼做，而是強壓怒火，心想：「有必要查明一下原因，不能冒冒失失地責備兒子。」

晚上臨睡前，媽媽來到兒子的床前，故意以輕鬆的語氣問道：「兒子，能不能告訴媽媽為什麼每天那麼早出門，卻還是上學遲到呢？」

兒子一臉坦誠地回答：「我要到河邊看日出，早晨的太陽真是太美了！」在他們生活的社區旁邊，有一條橫越過這個城市的河流。每逢天氣晴朗，都有不少人聚集在河邊，欣賞美麗的日出。

媽媽明白了，她對兒子說：「好啊！明天我也和你一起去看日出。」

第二天，母子兩人來到河邊，加入看日出的人群中，媽媽對兒子說：「日出真的好美啊！你真棒！」看了一會兒，媽媽把兒子送到學校，這天兒子沒有遲到。

下午放學了，兒子回到家後看到書桌上有個小手錶，手錶底下放著一張紙條，上面寫著：「因為日出很美，所以我們更應該珍惜時間和學習，你說對嗎？──愛你的媽媽。」

學校教育、家庭教育和社區教育，是每個人一生當中接受教育的主要方式。教育合力就是指將這三種教育力量有機結合在一起，形成最有效的合力。使學校教育、家庭教育、社區教育一體化、多層次展開，以提高教育活動的實際效力，提高培育人才全面發展的品質。

學校教育、家庭教育和社區教育，各自有不同的特點。家庭教育主要來自父母及其親屬對學生日常生活的影響，而社區是一個開放性場所，對學生的影響具有廣泛性、多樣性、融合性特點，是對學校教育和家庭教育的補充。

　　一個人的成長，是多方教育因素綜合作用的結果，片面地強調哪一方面教育的作用，都是有害的。將學校教育、家庭教育和社區教育緊密結合，形成教育合力，有利於各種教育的完整銜接和各種教育資源的充分整合，充分發揮教育資源的優勢。進而有利於統一教育方向，使之協調一致，互相促進，截長補短，形成良好的互補作用，最大限度地消除各自的教育弊端，克服不利因素的對教育的影響。

　　學校、家庭、社區三者在教育上的融合，是現代教育的必然要求，也是現代社會發展的需要。只有三者融合，形成教育的合力，才能滿足學生全面發展、健康成長的需要，最終將學生培養成既掌握一定的科技文化知識和生存技能，又具有良好的道德品格的合格人才。

## 小知識

墨子（西元前468年～西元前376年），名翟，魯人。他是中國戰國時期著名的思想家、教育家、科學家、軍事家、社會活動家，墨家學派的創始人。創立墨家學說，並有《墨子》一書傳世。

# 會養河馬的飼養員就像會教學的老師需要深諳學生習性

習性是一個人在某種自然條件和社會環境下，受到長期的影響所養成的特性，也叫個性特點。

美國有家天堂動物園，最近動物園裡新來了一位餵河馬的飼養員。新飼養員上任之際，老飼養員語重心長地向他傳授經驗：「不要給河馬太多食物，別怕牠挨餓，不然牠會長不大。」

新飼養員聽了這話，丈二金剛摸不著頭腦，心想：「這是什麼道理？不給河馬吃飽，還要讓牠長大，這可能嗎？」他含含糊糊地應付了老飼養員幾句，開始了自己新官上任三把火的工作。

新飼養員沒有採納老飼養員的建議，他拼命地餵養自己的那頭河馬，每天給牠準備吃不完的食物，希望牠快快長大。每當人們看到河馬面前的食物，總會情不自禁地讚嘆一句：「哦，上帝，多麼仁慈的飼養員啊！」

可是，新飼養員獲得了讚賞，卻沒有得到想要的目標，他的那頭河馬真的沒有成長的跡象。兩個月過去了，他不得不承認一個事實：老飼養員不怎麼餵養的河馬卻比他的河馬長得大多了。

難道是兩頭河馬本身素質有問題？老飼養員看出了新飼養員的疑惑，主動說：「我和你換著餵養吧！」

此話正中新飼養員的心意，他接管了老飼養員的河馬，又開始瘋狂地餵養。不久，事實讓他再次跌破眼鏡：老飼養員餵養的河馬又超過自己餵養的河

阿拉伯人描繪的亞里斯多德上課圖。

馬。

這時，新飼養員不得不誠懇地向老飼養員求教，詢問其中原由。老飼養員說：「道理很簡單，你餵養河馬時，總給牠太多食物，這樣牠就不把食物當回事，不好好吃，結果總也長不大。而我的河馬，因為總在缺乏食物中度日，會十分珍惜食物，正是珍惜，才促進了牠的成長。」

在教育活動中，教師和學生是教學活動的主體，教師只有充分瞭解每個學生的習性，才能有針對性地開展教學活動，因材施教，使每個學生都能很好地學習文化知識技能，得到全面健康的發展。

一個班級中有十幾名甚至幾十名學生，這些學生在習性上，存在著很大的差異。不同的性格、不同的習性，使學生內心世界的反應也千差萬別，各不相同。而教師在教學過程中，必須深入實際，深入學生的內心世界，充分瞭解每個學生不同的習性，不同的性格特點，對症下藥，採用不同的教育方式和方法，這樣才能取得好的教學效果。

教師應該如何瞭解並掌握學生的習性呢？

第一，要深入到學生日常中，經由細緻的觀察，發現學生的習性和特點。

第二，可以嘗試家庭訪問，走訪學生的家長，來側面瞭解學生。知子莫若父，家長看著學生成長，對學生的生活習性和性格特點瞭若指掌。

第三，多與學生溝通交流，在交流中，會直接感知到學生的性格脾氣、習性特點等。

第四，可以從問卷調查的方式，讓學生對自己的性格特點有個基本的定位和描述，以此來瞭解學生，也是個不錯的辦法。

第五，在對學生的習性有了初步瞭解後，可以進行試探性驗證，以確保對學生性格特點的準確把握。

教師瞭解了學生的習性，掌握了學生的性格特點，就要因材施教，針對不同的學生，採用不同的教學方法。在教學中，區別對待，幫助學生揚長避短，克服缺點，使每個學生都能發揮自己的特長，達到全面提高教學品質的目的。

## 小知識

荀子（約西元前313年～西元前238年），名況，字卿，著名思想家、文學家、政治家，儒家代表人物之一，時人尊稱「荀卿」。他曾三次出任齊國稷下學宮的祭酒，後為楚蘭陵（今山東蘭陵）令。荀子對儒家思想有所發展，提倡性惡論，對重整儒家典籍也有相當的貢獻。

# 喜鵲當老師，
# 不能按照課程實施教學

在學校教育中，學生所應學習的學科總和，以及這些學科學習進程
與計畫安排，就是課程。

鴕鳥先生到了娶妻的年齡，決定建造一間房子，做為自己未來的家園。可
是牠沒有學過建築，不知道如何下手，只好向其他動物求教。鴕鳥第一個找到
了鳳凰。鳳凰是建築行家，據說牠的徒弟們都獲得了各種建築資格認證，是業
界名流。

鳳凰聽了鴕鳥的請求，誠懇地說：「我的徒弟喜鵲已經掌握了各種建築本
領，做出來的窩最漂亮、最實用。你現在建房子，只要找到牠，牠會幫你解決
各種問題。」

鴕鳥很高興，興高采烈地來到喜鵲門前，發現還有不少鳥也聚集在這裡。
原來，大家聽說喜鵲是建築大師，都趕來請求牠幫忙建房子。

請求幫忙的人太多了，喜鵲沒有分身術，不能滿足所有人的要求。這時燕
子急中生智，想出了主意：「既然喜鵲沒有時間幫我們做窩，不如讓牠教給我
們做窩的技巧。」

喜鵲看到大夥兒這麼熱情，都想要學習牠的成功經驗，就開設了一個建築
培訓班。第一期培訓開始了，鴕鳥、燕子、麻雀和杜鵑率先走進課堂，靜靜地
聽喜鵲講課。

喜鵲雖然深諳建築精髓，可是牠卻不懂教學，只好將事先準備的課程一股

腦兒地讀給學生們聽。

鴕鳥、燕子、麻雀和杜鵑都很用心聽喜鵲講課，只聽牠一會兒說該用什麼材料，一會兒說明做窩的方法，一會兒又說應該要做成什麼樣子最舒服。結果大夥兒聽了半天，根本不清楚喜鵲在講什麼。

終於下課了，喜鵲對大夥兒說：「按照我說的去做，就可以做出最好的窩。」

可是，鴕鳥、燕子、麻雀和杜鵑分頭做窩，什麼也沒做成。

喜鵲當老師，自然不知道怎麼安排課程，也不知道課程在教學活動中的重要性。

廣義的課程，是指學校為了實現教育目標而選擇的所有的教育內容及其教學進程的總和，包括學校所教的各門學科，以及所有有目的、有計畫的教育活動。而狹義的課程，就是指單一的某一門學科，例如國文、數學等課程。

由於教學的側重點不同，人們對課程內容的認知也不同，有人認為課程就是教材，有人認為課程舊是活動，還有人認為課程就是經驗。當代學校教育中，課程主要有三種類型，即學科課程、綜合課程和活動課程。

學科課程也叫做分科課程，是以學科為中心，圍繞學科的知識內容來編定的課程。課程都是分科設置，從相對的科學領域中選取知識，根據教學實際需要，分科編排課程，來進行教學安排和實施教學過程。有結構主義、範例方式、發展主義三種學科課程論。

綜合課程是一種整合若干相關聯的學科，而成為一門涵蓋範圍更廣泛的綜合性共同領域的課程。這種課程又分為相關課程、融合課程、廣域課程和

核心課程四種，其作用體現在認知、心理和社會三個方面，有利於解決教學過程中遇到的各種實際問題。

　　活動課程也稱經驗課程或者兒童中心課程。學習就是經驗的改造或者改組，必須和個人的特殊經驗結合在一起，從個人已有的經驗開始，要打破嚴格的學科界限，要讓學生在活動中學習。教師只是發揮協助作用，讓學生在活動和實驗中獲得知識經驗。

## 小知識

朱熹（西元1130年～西元1200年），字元晦，1字仲晦，號晦庵、晦翁、考亭先生、雲谷老人、滄洲病叟、逆翁，南宋江南東路徽州府婺源縣（今江西省婺源）人。著名的理學家、思想家、哲學家、教育家、詩人、閩學派的代表人物，世稱朱子，是孔子、孟子之後最傑出的弘揚儒學的大師。

# 亞里斯多德「逍遙遊」，
# 遊出最初學制設想

學制，是國家對各級各類學校的組織系統、以及課程設置、學生學習年限的規定。它涉及到一個國家的教育制度，包括各級各類學校的性質、教育任務、學生入學條件、學習年限，以及彼此之間的縱橫關係。

西元前三四三年，亞里斯多德應邀擔任馬其頓王子亞歷山大的教師。他們是歷史上最有名的師徒之一，六年後，亞歷山大繼位，開始了征服世界的歷程。

保羅‧委羅內塞的作品——《向亞歷山大介紹達利奧家族》。

　　與此同時，亞里斯多德與自己的學生亞歷山大政見不同，因此離開王宮，回到雅典的呂克昂，開始了授徒講學、著書立說的生活。

　　在這片自由的土地上，亞里斯多德一共生活了十二年，開創了一種逍遙自在的講學風格。人們常常看到他漫步在鬱鬱蔥蔥的林蔭道上，身邊跟隨著諸多學子，他們一邊愉悅地散步，一邊談論各種學問，講述自己的觀點。因為這種逍遙漫遊的特色，亞里斯多德及其門生被人們稱之為「逍遙學派」。

　　但逍遙學派的創始人亞里斯多德，其在教育上的貢獻可不只於此，他創作了大量著作，內容無所不包，涵蓋豐富，幾乎涉及到了人類學科的各種領域。這些著作博大精深，自成體系，是許多學科的鼻祖。

　　在教育思想上，亞里斯多德也有自己獨特的見解，他第一次提出了體育、德育和智育結合的概念，並最初規劃了學制設想。他認為教育應該與人的自然發展相適應，將教育劃分為三個階段：從初生到七歲，是學前教育時期；從七歲到十四歲，是學校教育時期，掌握基本的讀、寫、算知識，並進行體育和音樂訓練；從十四歲到二十一歲，是發展學生「理性靈魂」的時期，這也是他在呂克昂所進行教育的時期。

　　學制，是學校教育制度的簡稱。它一般有三種類型，第一種是雙軌制，第二種單軌制，第三種是中間型學制。

　　雙軌制學制中，一軌是學術教育，一軌是職業教育。雙軌制是現代學制的一種典型類型，在雙軌制學校系統裡，其學術教育一軌的發展，是自上而下，先有大學，然後有屬於中等教育的預備學校，即文法學校，再次有初等教育性質的文法學校的預備學校。這一軌學制系統，負責學術人才和管理人才的培養。而職業教育一軌，其發展自下而上，先有小學，然後因社會發展需要，設立中等教育性質的職業學校，負責社會所需熟練技術人才和勞動力的培養。雙軌制系統裡，兩軌之間互不貫通，其優點是兩軌之間分工明確，

分別承擔精英教育和大眾教育的職責，進而能有效地提高辦學的效率。雙軌制最大的弊端，是嚴重地損害了教育機會均等這一現代社會的公平原則，背離了教育普及化、公平化的社會進步基本精神。

單軌制是現代社會普遍採用的一種學制，以美國為代表，能夠較好地體現現代教育精神，即公平、公正、人人有享受教育的權利的原則。單軌制實行的是自下而上的系統，小學教育、中學教育、大學教育。

中間型學制，介於單軌和雙軌之間，共同以初等和中等教育為基礎，在高等教育時期實行雙軌制。

## 小知識

陶行知（西元1891年～西元1946年），徽州歙縣人，中國著名教育家、思想家。他提出了「生活即教育」、「社會即學校」、「教學做合一」三大主張，其中，生活教育理論是其教育思想的理論核心。著作有《中國教育改造》、《古廟敲鐘錄》、《齋夫自由談》、《行知書信》、《行知詩歌集》等。

# 柏拉圖創建「理想國」，首次提出教育制度問題

教育制度是一個國家各級各類教育機構與組織體系有機構成的總體及其正常運行所需的種種規範、規則或規定的總和。

柏拉圖是偉大的哲學家，其思想對歐洲乃至整個世界產生了深遠影響。

他本名叫亞里斯多克勒斯，是雅典貴族，年輕時從師蘇格拉底。在蘇氏遇難後，他遊歷各地，先後到達埃及、小亞細亞和義大利從事政治活動，希望實現自己的貴族政治理想。由於政治活動失敗，西元前三八七年，柏拉圖逃回雅

「阿卡德米」一詞沿用至今，已經成為了學校和學術研究機構的代名詞。義大利傑出的畫家拉斐爾所畫的《雅典學校》，就是以阿卡德米學園為題，來表彰人類對智慧和真理的追求。

典，在阿卡德米體育館附近創辦了一所學園，從此開始了授徒傳業的教學工作。在這裡，他工作了四十多年，直到去世。

這是一所為系統地研究哲學和科學而設立的高等學府，曾經名震天下。柏拉圖把創建和主持學園教育當成最重要的事業，他提出辦學宗旨是培養具有哲學頭腦的優秀政治人才，造就一位勝任治國大任的哲學王。看來，他無時不忘自己的「理想國」。《理想國》是柏拉圖的主要著作之一，在書中，柏拉圖表達了自己的政治理想，為後人展現了一個完美優越的城邦，故名「理想國」。

雖然柏拉圖時刻以「理想國」為最高目標，但是在具體的教學過程中，依舊深信從事數學研究能培養人的思維能力。所以，在學園的具體課程設計上，他繼承和發展了畢氏學派的以數學為主的方針。在學園的門口，他親自寫下這樣一行字：不懂幾何的人，不得入內。

為了普及數學教育，柏拉圖甚至提出了這樣的主張：在城邦內全體居民務必學習幾何。他認為學過幾何的人在學習其他學問時，比沒有學過幾何的人要快得多。

在柏拉圖宣導下，學園的數學教育成果卓著，為希臘培養了一大批數學人才。當時知名的數學家絕大部分都是柏拉圖的學生或者朋友，他們聚集在學園內，進行數學交流活動，形成了以柏拉圖為核心的柏拉圖學派。

任何國家教育的發展，都離不開教育制度。教育制度既包括教育機構，如學前教育機構、學校教育機構、業餘教育機構和社會教育機構等，也包含這些教育機構之間的組織關係。這些機構設立的主體是國家，是一個國家教育方針制度化的具體體現。

教育制度是與政治、經濟、文化、家庭和宗教等制度，並存於社會結構中的一種普遍適用的社會制度。其任務是確保包括人類行為模式和價值標準

在內的文化知識、精神產品的傳承和發展，為社會提供各種符合人類社會發展所需的各類人才，確保社會中每個人都能順利成長和生活。

教學系統是教育制度的重要組成部分，它要為尚未達到入學年齡的兒童提供學前教育；要為達到入學年齡的少年兒童、青少年提供包括初等教育、中等教育和高等教育在內的各級學校教育；要為生理或心理上有缺陷的少年兒童，提供符合他們需求的特殊教育；要為已經超過正常學齡範圍的人，包括各類在職人員等，提供職業教育、成人教育、繼續教育、業餘教育等。同時，教育系統也包括各級教育的行政管理機構等相關組織。

教育制度做為社會制度，具有國家法律性質，但並不適用於非教育機構和組織所從事臨時性、零星的教育活動。

## 小知識

晏陽初（西元1890年～西元1990年），中國平民教育家和鄉村建設家，被譽為「世界平民教育運動之父」，著有《平民教育的真義》、《農村運動的使命》等。

# 受到懲罰的未來科學家
# 演繹教學過程

　　教學活動的展開過程就是教學過程。它是教師根據一定的社會要
求，針對學生的身心發展特點，在一定的教學條件下，指導學生經
由瞭解教學內容來掌握知識資訊，認識客觀世界，進而促使學生自
身得到智力、體力、審美和品德等全面發展的過程。


　　走進英國的亞皮丹博物館，有兩幅藏畫特別引人注目，常常令參觀者駐
足。這兩幅畫其中一幅是骨髓圖，另一幅是血液循環圖。為什麼兩幅解剖圖會
如此吸引觀眾的目光呢？

　　說起這兩幅圖的由來，真是讓人格外驚奇。它們並非出自名人之手，而是
當年一位小學生畫的。一位小學生繪畫的解剖圖
能夠懸掛在博物館內，這背後又有怎樣的故事
呢？

　　這位小學生名叫麥克勞德，他不僅頑皮貪
玩，還充滿了好奇心，不管遇到什麼總想探究個
明白。

　　有一次，麥克勞德突發其想，打算看看狗的
內臟是什麼樣子。於是，他立刻約了幾個小朋
友，經過短暫的商議後，便帶著工具開始了行
動。不一會兒，他們抓到了一隻狗，把牠帶到祕
密「解剖室」。

中世紀的解剖手術。

127

麥克勞德親自操刀把狗宰殺了，然後將牠開膛破肚，一件件地剝下內臟，並把它們取出來仔細觀察。

然而，麥克勞德沒有想到，他宰殺的狗是校長的寵物。校長聽説麥克勞德等人把狗殺了，還把內臟取出來，非常生氣，決定懲罰罪魁禍首麥克勞德。

麥克勞德十分擔心，不知道校長會怎麼懲罰自己。校長經過一番考慮，公布了懲罰方案，讓麥克勞德畫一幅狗的骨髓結構圖和一幅血液循環圖。這結果真是出乎所有人意料，麥克勞德深知罪責嚴重，急忙認真地繪製解剖圖。當校長拿到麥克勞德交上來的兩幅圖時，當即轉怒為喜，他滿意地説：「畫得不錯，看來你已經深刻地瞭解到了自己的錯誤。好吧！這件事到此為止，我不會繼續追究了。」

校長的做法，一是讓學生認識到了錯誤，二是保護了學生的好奇心，三是給他一次學習的機會，真是一舉三得。

多年後，麥克勞德成為著名的解剖生理學家，與人合作發明胰島素，獲得諾貝爾生理及醫學獎。當他談起自己的成功時，念念不忘校長的那次有意義的懲罰。

一次有意義的懲罰，可以幫助學生得到正確的教育，這體現出教學過程的深意。

教學過程不是單純地傳授文化科學知識，而是引導學生全面發展的過程。在這一過程中，引導學生獲取知識、理解知識、進行實踐活動，並且鞏固知識，是必備的四個步驟。

獲取知識，可以引導學生經由觀察、操作、實驗等方式豐富想像力，有目的地迅速獲取知識。在這個步驟，引起求知慾、感知教材是教育重點。誘發和激起求知慾，做好學習的心理準備，產生求知的內在動力，才會積極地

感知教材，主動理解書本知識。

理解知識，是引導學生從感性認知到理性認知轉化的階段。理解，就是揭示事物之間的內在聯繫，並學會獨立地利用所學知識探索新知識，發展創造性思維，不斷形成和發展認知結構。

實踐是教學過程的重要步驟，包括作業、實驗、實習，以及美術、音樂和體育活動等。透過這些活動，可以拓展知識、技能和技巧，逐步達到較獨立作業的能力。

任何知識或者實踐活動，都離不開系統的檢查和鞏固。檢查和鞏固可以幫助學生學會自我檢查和糾正錯誤，並能夠利用記憶來鞏固知識、技能和技巧。

上述四個步驟並非完全獨立存在，也不見得每節課都要重複使用。總歸一句話，它們不是呆板的公式，在教學過程中應該互相滲透、互相促進，靈活應用，不要分割，可以從認知到實踐，也可以從實踐到認知。

## 小知識

蔡元培（西元1868年～西元1940年），著名的教育家、政治家，中華民國首任教育總長。1916年至1927年任北京大學校長，革新北大，開「學術」與「自由」之風；1920年至1930年，蔡元培同時兼任中法大學校長。

第三章

# 教學要講究方法

## ——開啟教育成功的鑰匙

# 「GOOD MORNING」的回應，抨擊注入式教育的缺點

注入式教學法，俗稱填鴨式教學法，指的是教師在教學中，不結合學生學習認知過程的客觀規律，以及他們的理解能力和知識水準，主觀地將現成的知識結論生硬地灌輸給學生們的教學法。

阿東是一個道道地地、土生土長的農民，在自家的一畝三分地上耕種勞作，從來沒有出過遠門。經過大半生的累積，他攢下了一些錢，覺得有必要享受一次了。這時，不少親朋好友勸他：「現在有很多旅行社組團出國旅遊，你也去開開眼界吧！」阿東思來想去，認為這是一個不錯的建議，於是報名參加了一個出國旅遊團。

來到陌生的異國他鄉，一切都是新鮮刺激的，阿東真是興奮極了。更讓他高興的是，自己參加的是豪華團，隨團的旅遊者全部被安排住進了一家高檔飯店。阿東第一次一個人住在標準客房，看什麼都是新奇有趣的。

早上，阿東還沒有洗漱完畢，服務員就敲門送早餐來了，還大聲說著「Good morning」。阿東當即愣住了，他不知道服務員說的是什麼。不過還好，他情急之下想起在自己的家鄉，陌生人相見時大多會問一句：「您貴姓？」於是他朝著服務員大聲回答道：「我叫阿東。」

接下來幾天，服務員天天說一句「Good morning」，阿東也照例回答一聲「我叫阿東」。儘管他每次都做了回答，但是心裡卻逐漸產生不滿：「這個服務員怎麼這麼笨？天天問我叫什麼，我都告訴他好幾次了，他還是記不住，真是煩人！」他忍不住把這件事告訴了導遊，並問他如何應付服務員。導遊一

聽，知道他誤會了，趕緊向他解釋「Good morning」的意思，並教他如何與服務員打招呼。

阿東聽了之後，覺得十分丟人，立刻開始練習說「Good morning」這句話，以便能體面地應對服務員。

第二天早上，服務員照例敲響了阿東的房門。阿東打開房門，衝著服務員大聲說道：「Good morning」。

服務員立即回答道：「我叫阿東！」

這則幽默故事讓我們看到生硬、機械交流的後果，這非常類似教學過程中的注入式教學法。注入式教學法，完全由教師主觀決定教學過程，強迫學生死記硬背，嚴重阻礙學生智力發展，以及獨立學習能力的提高。

由於對教學過程缺乏科學認知，在中國封建社會和西歐中世紀，注入式教學法曾經在學校中佔據統治地位。隨著科學的發展，先進的教育家們發現了注入式教學法的缺點，進行了有力地探索，逐步明瞭教學過程中的幾種必然聯繫。

第一，學生學習知識，是學習間接經驗，必須以個人的直接經驗為基礎。如果忽視直接經驗的累積，只是簡單地、生硬地灌輸書本知識，效果自然好不到哪裡去。

第二，教學過程是啟發學生智力的過程，智力的發展有賴於

中世紀修士在閱讀和整理經典著作。

知識，知識的掌握又有賴於智力，兩者互相促進。注入式教學法片面強調知識，不注重開發學生智力，無法引導學生自覺地掌握知識、運用知識。

第三，提高學生的思想認知，也是教學工作的重點。思想提升離不開知識的培養，合理地引導學生對所學知識產生積極態度，可以提升他們的思想認知，並且同時推動學習積極性。注入式教學不從學生的心理需求出發，強迫性地灌輸知識，很難讓學生們積極地去學習。

第四，教學過程是由教師和學生共同完成的，發揮教師的主導作用，是學生簡捷有效地學習、發展身心的必要條件；調動學生的主動性，是教師有效地教學的主要因素。如果忽視任何一方的作用，都會導致教學工做出現偏差。

注入式教學法違背上述幾種關係，已經無法適應現代教學工作。尤其是現代教學強調發揮學生學習的主體作用，特別注重創造性思維培養和實踐能力，因此，注入式教學法已經逐步失去市場，不能滿足現代人才培養的需要。

## 小知識

馬君武（西元1881年～西元1940年），中國近代學者、教育家和政治活動家，廣西大學的創建人。他與蔡元培同享盛名，有「北蔡南馬」之譽。

# 蘇格拉底問答問出典型的啟發式教育

啟發式教學法，就是根據教學目的、內容、學生的知識水準和知識
規律，運用各種教學方法，採用啟發誘導法傳授知識、培養能力，
使學生積極主動地學習，以促進身心發展。

　　蘇格拉底是西方哲學的奠基者，他以傳授知識為生，從三十歲左右開始，
就做了一名不取報酬、不設學館的道德教師。當時，無數富人家和窮人家的孩
子都喜歡聚集在他身邊，向他學習、請教。然而，蘇格拉底卻說：「我只知道
自己一無所知。」

大約西元前三九九年，蘇格拉底因「不敬國家所奉的神，並且宣傳其他的新神，敗壞青年和反對民主」
等罪名，被判處死刑。在收監期間，他拒絕了朋友和學生要他乞求赦免和外出逃亡的建議，飲下毒酒自
殺而死。

　　蘇格拉底傳授知識的方式十分特別，他大部分時間都在室外度過，市場、街頭、運動場等公眾場合，是他與人談論問題的主要地點。在這些地方，他們談論戰爭、政治、藝術和倫理道德等等。到了四十歲時，他已經成為雅典遠近聞名的人物。

　　蘇格拉底經常與人辯論，他總是採取問答的方式糾正對方的錯誤觀念，幫助對方產生新的思想。蘇格拉底善於從個別抽象的問題中找出普遍的東西，然後透過譏諷、助產術、歸納和定義四個步驟，與人辯論。「譏諷」是一個不斷追問的過程，最後使對方陷入自相矛盾的境地，承認對問題認知不足；「助產術」指的是讓對方拋棄原來的錯誤觀念，尋找正確的、普遍的東西，也就是幫助真理問世；「歸納」是從個別事物中找出共同性，並且尋找一般規律；「定義」則是指把單一的概念歸到一般中去。

　　問答的辯論方式也是蘇格拉底教學的主要方式。他從來不給學生現成的答案，而是以反問、反駁的方法讓學生在不知不覺中接受新的思想和觀念。

　　有一次，一位學生問蘇格拉底：「請問什麼是善行？」

　　蘇格拉底說道：「偷竊、欺騙、販賣奴隸，你說這幾種行為是善行還是惡行？」

　　學生回答：「當然是惡行。」

　　蘇格拉底不動聲色地繼續說：「那麼欺騙敵人是惡行嗎？把俘虜來的敵人當成奴隸是惡行嗎？」

　　「這……」學生老實地說，「這是善行。」當時，將敵人賣做奴隸被視為是正確的行為。學生接著說：「我說的是朋友，而不是敵人。」

　　蘇格拉底立刻反問一句：「你的意思是，偷竊對朋友來說是惡行。那麼我

問你，如果朋友準備自殺，你偷了他的自殺工具並藏起來，這是惡行嗎？」

學生想了想說：「這是善行。」

蘇格拉底還在啟發學生：「你說欺騙朋友是惡行，可是在戰爭時統帥為了鼓舞士氣，會假稱援軍就要到了，實際上並無援軍，你說這種欺騙是惡行嗎？」

學生說：「不，這是善行。」

經過這種一而再地反問和啟發，蘇格拉底讓學生主動地去分析和思考問題。這種方法被稱之為「蘇格拉底問答法」。

蘇格拉底問答法，是啟發式教學的一個重要表現形式。現代教學的指導思想是「學生為主體，教師為主導」，要做到這一點，關鍵是學生是否有學習積極性。提高學習積極性，很大程度上在於教師的主導作用。在教學中採取啟發式教學，可以達到這一目的。

啟發式教學，要求教師合理地引導學生，最後把知識轉化為能力。也就是說，教師的工作是讓學生愛學習、會學習，具有強烈的求知慾望。中國古代大教育家孔子說「不憤不啟，不悱不啟」，就是這個意思。翻譯成白話就是，學生如果不是經過思考並有所體會，想表達卻又表達不出來時，教師就不去開導他；學生沒有經過冥思苦想，而又想不通時，也不要去啟發他。這說明對老師來講，應該想辦法讓學生積極思考，然後進行適時啟發。

在現代實踐中，啟發式教學需要做到以下三點要求：

1.教學目標要設計，才能激發學習興趣。

教學目標是什麼？不是活動結果的預見，而是學習的目的。事實證明，如果學生沒有強烈的求知慾望，即使掌握了很多知識和技術，也很難實現有

價值的創新行為。所以，教學目標的設計，一定要以學生為主體，激發他們積極參與的主動性。

2.授課模式要科學，培養學生創新能力。

教師的工作是「授之以漁」，而不是「授之以魚」，在教學中引導學生學習解決問題的方法，提供讓學生直接參與的氛圍，可以開發他們的主觀能動性和創新能力，讓學生有成就感。

3.根據學生的不同情況，設計不同的教學模式，「因人而異」，也是啟發式教學的一種體現。

## 小知識

梅貽琦（西元1889年～西元1962年），中國著名教育家。1931年，梅貽琦出任清華校長，自此後一直到他在臺灣去世，一直服務於清華，因此被譽為清華的「終生校長」。在他的領導下，清華在十年之間從一所頗有名氣但無學術地位的學校，一躍而躋身於國內明星大學之列。

# 和尚打井打出新行為主義教育

二十世紀心理學家史金納提出新行為主義學習理論，強調重複某種行為的重要性，並設計了程式教學方案，主要有以下原則：積極反應，分小步按順序，即時回應學生的每個反應，鼓勵學生按照自己的速度學習，無錯誤地學習。

在兩座相鄰的山上，分別有一座寺廟。這兩座廟都很小，每座廟裡只有一個和尚。每天清早，他們各自步出自己的寺廟，挑著水桶來到山下的小溪邊。這裡只有一條小溪，是他們的共有水源。

一來二去，兩個和尚因為挑水逐漸熟絡起來。

時光如梭，轉眼間五年過去了。

忽然有一天，東邊山上的和尚來挑水時，沒有見到西邊山上的和尚，他很疑惑：「怎麼回事？難道睡過頭了？」

誰知第二天，東邊山上的和尚來到小溪邊，還是沒有見到西邊山上的和尚。他等了半個時辰，依然不見對方身影，只好挑著水桶怏怏而歸。

第三天、第四天……直到一個月了，西邊山上的和尚始終沒有露面。東邊山上的和尚坐不住了，他想：「我的朋友一定是病了，這麼多天沒見他挑水，不知道怎樣度日。我要去看望他，看看能否幫上什麼忙。」

東邊山上的和尚越過小溪，爬上西山，來到西山的廟裡。當他見到自己的朋友時，不由得大吃一驚，因為他正在誦經唸佛，看起來身體硬朗，沒有一點生病的跡象。這真是太出人意料了，他忙上前問道：「你這麼多天不去挑水，

139

是如何度日的？難道你不喝水也沒事嗎？」

西邊山上的和尚見到朋友探望自己，十分高興，連忙拉著他來到後院裡，指著地上的一口井說：「朋友，也許我早該告訴你。這五年來，我每天做完功課後，都會抽出時間挖這口井。雖然每天只能挖一點點，可是時間久了，終於挖出水來了，所以我再也不必下山挑水了。」

出乎意料的結局，源於西山和尚五年來持續不斷的行為——打井。每天進步一點點，最終挖出一口水井，解決了飲水問題。在現代教育中，二十世紀心理學家史金納提出的新行為主義學習理論，也強調重複某種行為的重要性。他做過一個著名的實驗：將鴿子放在箱子內，裡面設置一個鍵。當鴿子啄鍵時，食物就會掉進來，供鴿子自由食用。結果幾天後，鴿子學會並強化了啄鍵的行為。根據試驗結果，史金納總結出「操作性條件反射」的概念，並提出了強化理論。

孔子講學圖。

強化理論認為，經由強化物可以增強某種行為。如鴿子啄鍵得到食物，就是一個強化過程。史金納指出，強化分為積極和消極兩種，表現在教學中，教師的讚許、點頭就是積極的；而教師的否定、皺眉是消極的。這兩種強化都會影響反應再發生的可能性。從這一點出發，他進一步指出懲罰是一種消極強化，對被懲罰者和懲罰者都是不利的。經過實驗證明，懲罰可以暫時降低反應率，而不能消退過程中反應的總次數。這一研究，對改變當時盛行的體罰教育起到了積極作用。

在傳統的教學中，教師以分數控制學生的學習及各種行為表現，具有強大的權力，他們不會總是以肯定、積極的行為強化刺激學生學習，而且很容易懲罰學生。比如學生寫錯了字，教師會讓他反覆抄寫很多遍。這種做法效果如何呢？往往只能暫時降低錯誤率。如果教師不懲罰學生，而是在學生寫對某個字時，給予表揚，則能加強學生對該辭彙的正確反應率。

根據史金納的理論，學習是一種行為，當主體學習時反應率增強，不學習時反應率則下降。所以學習是一門科學，是循序漸進的過程。而教學是一門藝術，是把學生與知識結合起來的藝術。教師的工作是安排可能強化的事件促進學習，起著監督或者中間人的作用。史金納反對傳統班級教學，並設計了程式教學方案，主要有以下五條原則。

一、積極反應：傳統教學主要是教師講、學生聽，學生被動消極，沒有機會做出積極反應。程式教學以問題形式呈現知識，讓學生在學習過程中透過選擇、比較、運算等積極反應，提高學習效率。

二、分小步按順序：程式教學的教材分成若干小的、有邏輯順序的單元，逐漸增加難度，然後合成程式。這一程式的基本過程是：顯示問題→學生解答→確認回答→進展到第二小步……如此循序前進，直到最後一步，完成一個程式。

三、即時回應學生的每個反應。對學生的反應回應越快，強化效果越明顯，這種方式可以提高學生學習信心。

四、鼓勵學生按照自己的速度學習：由於每個學生在學習上存在差距，傳統教學按照統一進度進行，難以顧及到個別差異，影響學生自由發展。所以程式教學認為應該以學生為中心，選擇適宜自己的速度學習。

五、無錯誤地學習：程式教學的教材由淺入深，學生每次都可以做出正確反應，這樣錯誤率就會降低。這種在錯誤發生前主動避免的方法，可以激發學習積極性，提高效率。

## 小知識

曾志朗（1944年9月8日～），現任行政院政務委員和中央研究院第20屆人文及社會科學組院士，語言學及心理學研究者。曾任美國加州大學華裔學者協會創會理事、教育部部長及中央研究院副院長等職務。

# 塌鼻子男孩渴望人本主義的教育

人本主義教育特指二十世紀六、七〇年代盛行於美國的一種教育思潮。此教育思潮強調人的潛能的發展和自我實現，主張教育是為了培養心理健康、具有創造性的人，並使每個學生達到自己能力所及的最佳狀態。

有一個小男孩非常不幸，生來是個塌鼻子，然而禍不單行，到了兩歲時他又得了腦膜炎，智力受到一定損傷。因此，小男孩上學後，學習起來很吃力，比如寫作文，一般孩子能寫到兩、三百字，他只能勉強寫一句話。

可是讓老師吃驚的是，即便這個小男孩每次只能寫幾行字，可是他寫出來的作文，卻十分動人。

有一次，老師讓學生們以「願望」為題寫篇文章。小男孩立刻認真地寫起來，他寫了好久，不過交上去後，老師看到依然是篇極短的文章，只有區區三句話。文章是這樣寫的：我有兩個願望，第一是，媽媽每天笑瞇瞇地看著我說：「你真聰明。」第二是，老師每天笑瞇瞇看著我說：「你一點也不笨。」

這篇短短的文章深深地打動了老師，她不僅給了小男孩最高分，還深情地在全班同學面前進行朗讀，並且給出了這樣的評語：「你很聰明，作文寫得很感人，請放心，媽媽一定會喜歡你的，老師也非常喜歡你，所有人都會喜歡你。」

這則故事透露出人本主義的教育觀念。人本主義教育觀，是以馬斯洛和羅哲斯為代表的教育改革家提出的，包括三方面含意：

一，就教育目標而言，人本主義教育觀指向學生個人的創造性、目的和

意義，教育的目的是為了培養積極愉快、適應時代發展需求的心理健康的人。人本主義教育重視人性培養，關注教育對兒童獨立人格的作用。簡而言之，人本主義教育觀強調以自我為核心，強調人的自我實現。

二，就教學論思想、方法而言，人本主義教育主張意義學習。首先，它認為人天生具有好奇心和求知慾；其次，讓學生認識到學習內容和目的之間的聯繫後，學習效果會更好；第三，如果較大程度改變學生的自我結構，會對他們產生精神威脅，如考試前複習；再次，學生積極參與學習過程，可以很好地促進學習；最後，主動地、全神貫注地自發學習，效果會更持久和深入。

三，就師生關係而言，人本主義教育觀重視教師的態度、以及師生互相作用的心理氣氛。人本主義教育觀認為，在教學過程中，教師和學生都是主體，而非主體和客體的關係，所以師生關係是平等的，具體表現為真誠、認可、移情。

教師應該充分信任學生，真誠地對待他們，相信他們可以發展自己的潛能；尊重學生的個人經驗，不要忽視他們的感情和意見；教師必須做到表裡如一，能夠深入瞭解學生的內心世界，為學生著想。

如果教師能夠以上述素質處理師生關係，能免除學生精神上的壓力和挫折，讓學生自我實現的動機得到表現的機會。

我們看到，人本主義教育觀極大地衝擊了傳統教育。由於強調和重視學生自我實現的能力，順應學生的興趣、需要、經驗和個別差異，便能夠開發學生潛能，起到激發認知和情感的相互作用。

不過，我們也要看到，人本主義教育觀過分強調人本質的自然性，進而會忽視人本質的社會性，而且過度強調學生的中心地位，會影響到教育與教學的效能；同時，如果一味拘泥於滿足學生個人自發的興趣和愛好，也不可避免降低社會與教育的力量。

## 小知識

約翰・哥特利勃・菲希特（西元1762年～西元1814年），德國18世紀末、19世紀初著名的主觀唯心主義哲學家和教育家。他認為教育的目的是使整個人類都成為完全的人，而培養國民的愛國心是教育的第一要務。主要著作有《自然法權基礎》、《倫理學體系》、《論人的使命》、《對德意志民族的演講》。

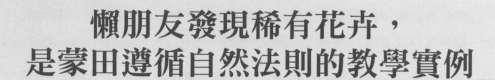

# 懶朋友發現稀有花卉，
# 是蒙田遵循自然法則的教學實例

自然教育的法則主張遵循兒童天性和身心自由發展，從生活和實踐中切身體驗，從感官獲得知識。在教學過程中，採用實物教學和直觀教學的方法，反對抽象的死啃書本。

有一個人因為厭棄世俗生活的喧囂，決定做了隱士，生活在山林裡。他是個非常勤勞的人，每年春天，當門口臺階上的野草剛剛露出頭時，他都會仔細地清除掉，讓自己的陋室看起來簡潔整齊。

有一年，這位勤勞的隱士準備出遠門。臨行前，他找來一位朋友幫忙看守庭院。朋友是個懶惰的傢伙，自從住進隱士的家中，他除了吃飯就是睡覺，根本不去清理野草。時間一長，門口的野草迅速長高了。

到了暮春時節，門口的一株不知名的植物開花了。這是一朵五瓣小花，雖然其貌不揚，但是散發著陣陣幽香。朋友被花香吸引了，忍不住多看了這朵花一眼，這一看讓他發現了問題，原來這朵花形狀很像蘭花，但不同的是花邊為蠟黃色，難道這是蘭花的一個新品種？懷著好奇心，他摘下了幾片葉子和花朵，來到植物專家門前請教。專家見到這朵小花，立即興奮地說：「這是一個稀有蘭花品種，太難得了！很多人費盡心思都找不到它。」

朋友驚喜地瞪大了眼睛：「蠟蘭？你說這是蠟蘭？！」他知道蠟蘭極其珍貴，十分少見。

當隱士回到家中，聽說朋友發現蠟蘭的事後，十分感慨地說：「這株蠟蘭每年春天都會在我的門前發芽，只不過剛剛露出頭就被我拔掉了。如果我有耐

心，能夠遵循自然生長的法則，等待一段時日，早在幾年前就會發現它了。」

違背自然規律，難以發現新的貴重物種，這一現象在教育學中非常常見。歐洲文藝復興時期，法國教育家蒙田針對當時流行的狹隘的人文主義教育，進行了大膽地批判。他指責以學究氣的書本知識填塞兒童記憶，是違背兒童智力發育的錯誤方法。

蒙田關心貴族兒童的教育，認為適當的教育應該是在導師指導下進行的，導師的任務不是灌輸知識，而是陶冶兒童的情感，讓他們成為忠誠於國王的臣民和紳士。

針對極端形式主義的教學方法，蒙田提出了很多有價值的意見。他認為教師不應一貫灌輸給兒童知識，應當根據兒童的能力進行教學。在教學過程中，教師不能一個人站著講話，而要給學生說話的機會，說出學過的東西，能理解它們的意義和實質。

蒙田還強調，兒童汲取一切東西，都要謹慎，不能過分輕信權威。他認為簡單地跟著別人走不去探索什麼，是尋找不到什麼的。在他看來，「培養兒童完美的判斷能力」是學習和教育的唯一目的，「最好的辦法莫過於培養對學問的興趣和愛好，否則我們將只是教育一些滿載書籍的傻子」。

蒙田的教育觀念對洛克和盧梭影響深遠，在他們努力下，逐漸形成自然教育法則。在現代教育中，自然法則的作用不容忽視，主要有兩點值得注意：

蒙田畫像。

第一，自然教育法則可以有效避免成人與兒童之間心理上的衝突，緩和矛盾。在傳統教育中，成人總是扮演「監督」的角色，對兒童頤指氣使，將兒童放在被動的地位上，導致雙方關係緊張。遵循自然法則，讓兒童明白成人不是干涉者，而是關心、愛護自己的人，會密切雙方關係。

第二，促進兒童自我教育，培養他們學習的積極性和自律意識。兒童如果做錯了某件事，比如忘記帶午餐便當盒，成人不去批評指責，而是讓他自己承擔後果，即讓他餓肚子，那麼他會明白為了避免再次發生這樣的事，應該如何去做。中國古代教育家推崇「慎獨」的境界，也就是這個意思。

## 小知識

沈君山（1932年8月29日～），國立清華大學前校長、圍棋棋士、物理學家。沈君山1955年自國立臺灣大學取得物理學士學位之後，赴美國於1961年取得馬里蘭大學物理博士學位。旅美期間於普林斯頓大學、美國太空總署（NASA）和普度大學歷練。1973年任教於國立清華大學物理學系，爾後接任理學院院長。1994年出任國立清華大學校長至1997年止。

# 愛樂園中萌生的遊戲和實物教學法

泛愛主義教育宣揚泛愛思想和人道主義，認為教育的目的在於培養幸福、健康、對社會有用和能促進人類幸福的人，主張由國家管理和監督學校教育，以擺脫教會的控制和教派鬥爭的影響。

巴斯道是泛愛學校的主創者，泛愛主義教育的主要代表人物。說起他的教育事業，也許與其幼年時代的經歷有關。巴斯道出生在德國漢堡，在父親無情的打罵下長大。幼小的他實在不明白，父親為何總是打罵他，好像他是一件不該存在的多餘物品。除了父親的打罵，巴斯道還要忍受一件事，那就是死板的宗教教育。

終於，少年巴斯道忍無可忍了，他離家出走，來到霍爾斯坦，為一位醫生做僕人。這位醫生瞭解到巴斯道的情況後，耐心地勸說他，把他送回漢堡。不久之後，巴斯道入讀文科中學，在這裡他接觸到了盧梭的《愛彌兒》，從此自然教育思想深深植入巴斯道的思想意識之中，成為他教育事業的指路明燈。

之後，巴斯道大學畢業，在霍爾斯坦的一位貴族家中做家庭教師，輔導一名十歲的孩子。巴斯道有幸第一次實踐了盧梭的自然教育思想，他以此為指南，採用自由遊戲和實物教學法，結果這名孩子的學識得到飛速進步，相當於文科畢業生的水準。

這件事情立即引起轟動，巴斯道因此得到德國貴族推崇，進而名揚德國。幾年後，年僅二十八歲的巴斯道根據自己的教學經驗，撰寫了《教學法》一書，憑此獲得碩士學位，並且受聘於丹麥索勒文科中學，成為一名正式的教師。

在教師職位上，巴斯道極力宣揚自己的教育思想，並發表了大量文章，抨擊落後的教育，提倡泛愛教育。然而舊勢力給予他無情打擊，將他趕出了學校。

巴斯道無法宣揚教育思想，只好將精力集中到教學改革和編寫教材上。一七六八年，他發表《為學校、學科及其對於公眾福利之影響，敬向志士仁人呼籲書》，得到新興勢力支持，康德、歌德等人給予他大力贊助。

一七七四年，巴斯道又發表《父母、教師用書》，書中配有一百多幅插圖，是一本成功的初級課本。同年，巴斯道創建了一所新型、示範性的學校，命名為泛愛學校，也稱為「一視同仁」學校。

泛愛主義教育是德國十八世紀末、十九世紀初出現的資產階級反封建的啟蒙教育運動，以學習和移植盧梭思想為宗旨，代表人有巴斯道、康德等。他們反對壓制兒童的經院教育，主張兒童自由發展，創辦了以戶外活動和遊戲為主要課程的泛愛學校，此舉推廣到德國各地，形成了運動。

追崇自由遊戲和實物教育，體現出巴斯道先進的教育觀念。在教育過程中，遊戲和實物教育可以激發孩子興趣，延長他們的注意力，是非常有效、非常受歡迎的教育方法。

　　遊戲教學，顧名思義，就是透過和孩子一起玩耍、做遊戲，傳授給孩子某種技能或者某些知識。比如扮家家酒的遊戲，能讓孩子瞭解家庭角色、認識廚房用具等。

　　實物教學，是指利用實物或者經由實地觀察，刺激孩子的感官能力，加強他們對事物的認知。比如教師把水果放在桌子上，讓學生從看、摸、嚐等方式來認識這些水果。

## 小知識

王守仁（西元1472年～西元1529年），字伯安，號陽明子，世稱陽明先生，故又稱王陽明。他是中國古代著名的哲學家、教育家、政治家和軍事家，陸王心學之集大成者，非但精通儒家、佛家、道家，而且能夠統軍征戰，是中國歷史上罕見的全能大儒。

151

# 庖丁解牛解出赫爾巴特的四段教學法

赫爾巴特提出的四段教學法，認為教學中必須引起學生的注意和興趣，在原有觀念基礎上掌握新的觀念。教師可以採用敘述教學法、分析教學法和綜合教學法等，使學生在學習過程中，因專心而達到「明瞭」和「聯想」，因審思而達到「系統」和「方法」。

一天，文惠君大擺筵宴，宴請當時的許多貴族名流到府上作客。為了準備宴席，文惠君派人請來一位叫庖丁的屠夫，請他宰殺肥牛。

庖丁熟練地綁縛牛，用手按住牛，用肩膀靠著牛，用腳踩著牛，用膝蓋頂著牛，所有的動作都顯得極其恰當自如。當他把屠刀插入牛的身體後，只聽得皮肉與筋骨剝離開來，聲音清脆，與他的動作配合絕妙，和諧一致。

在旁觀看的文惠君看到這一切，不禁目瞪口呆，他覺得庖丁宰牛時的動作彷彿踏著商湯時代的樂曲《桑林》起舞一般，分解牛的肉體時的聲音與堯樂《經首》又十分合拍。

於是，文惠君忍不住大加讚嘆：「真是不得了啊！你宰牛的技巧太高超了！怎麼會有這麼高超的技術呢？」

庖丁聽到問話，放下屠刀回答：「我這個人做事情喜歡探究規律，我覺得這比一般的技術、技巧更為重要。在我一開始學習宰牛時，並不瞭解牛的身體構造，只看到一頭龐然大物，感覺無處下手。

等我有了三年的宰牛經歷，完全瞭解了牛的構造，這時我眼裡的牛，已不

是一頭整牛，而是許多具體的器官。後來隨著我宰牛數量增多，我不用眼睛去看，也能清楚地知道在什麼地方下刀，什麼地方不能下刀。我用心靈去感觸牛，嫻熟地按照牛的天然構造，把刀刺入筋骨相連的空隙處，這些地方不會損傷屠刀，可以輕鬆地分解開。

一般來説，高明的廚師每年都要換一次刀，更多的廚師因為用刀去砍骨頭，一個月就要換一把刀，因為我從不硬碰牛的骨頭，所以您看我的刀用了十九年了，還像剛磨過的一樣鋒利。

即便如此，在遇到筋骨交錯的地方時，我還是十分小心，放慢動作，輕輕使力，仔細尋找關鍵部位，然後一刀下去就能把牛剖開。這時健壯龐大的牛就像泥土般攤在地上。等我一刀結束了工作，我會擦拭屠刀，把它放回刀鞘之中，以備後用。」

聽著庖丁這番解釋，文惠君若有所悟，連連點頭説：「説得好啊！這番金玉良言，也體現出修身養性的道理。」

庖丁解牛，在於掌握了事物的規律，所以得心應手。近代德國著名教育家赫爾巴特也有同樣的認知，他認為不管學什麼，在接受新事物時，必須遵循一條明顯的思維主線，就是「明瞭—聯想—系統—方法」，這一過程就是著名的四段教學法。

「明瞭」，指的是瞭解新出現的個別事物，相當於「新問題」，這是教學工作的第一步。教師為了使學生明瞭個別事物，必須放慢速度，盡量將問題分解成小步驟，而且講解盡量明瞭、準確、詳細，注意與兒童互動，可以採取提示教學，比如演示、掛圖等。這一過程的重點是吸引學生的注意力，使學生集中精神。

「聯想」，是指將新事物與經驗觀念中的原有事物聯繫起來，在新舊事

物之間形成初步的一種「關係」，相當於針對「新問題」提出的某種「假設」。從「明瞭」到「聯想」的心理活動過程，強調「專心」二字。在這個階段，新舊之間的關聯處於模糊狀態，學生的心理表現為期待，希望獲得某種結果。教師可以採用分析教學，與學生透過自由交流，使新舊知識產生結合。

「系統」，指的是經過「聯想」後，新舊觀念、知識產生了聯繫，卻還不夠系統，這時教師應該指導學生進行深入思考和理解，尋求結論和規律。相當於針對「假設」進一步檢查，明確新舊事物的恰當位置。這個過程是靜止的審思活動，學生的心理特徵是探究。教師可以採用綜合教學，經由比對聯繫，形成某種概念、定義等。

「方法」，即「應用」，或是練習實踐等，比如作業、實習。是指經過重複推廣應用，進一步驗證原來假想的關係。學生在類似的情景中進行應用，可以對新知識進一步理解、提升和抽象。這是一個深思的過程，表現為動態的審思活動。教師可以採用練習法，指導學生練習、作業，將學到的新知識應用於實際，發展邏輯思維的技能。

以上分析可以看出，「明瞭－聯想」是專心的過程和延續，「系統－方法」是審思活動，所以赫爾巴特認為，教學的步驟是從專心到審思的過程。

後來，赫爾巴特的四段教學法，經過他的學生齊勒發展為預備、提示、比較、總括、應用後，稱為五段教學法。這一教學法影響深遠，直到今天，很多學校依然採取這個方法進行教學工作。

## 小知識

約翰・杜威（西元1859年～西元1952年），美國著名哲學家、教育家，實用主義哲學的創始人之一，功能心理學的先驅，美國進步主義教育運動的代表。他批判了傳統的學校教育，並就教育本質提出了他的基本觀點：「教育即生活」和「學校即社會」。主要教育著作有《我的教育信條》、《學校和社會》、《兒童與課程》、《民主主義與教育》、《經驗與教育》和《人的問題》等。

# 演說家昆體良注重講授法

講授法，指的是教師運用口頭語言，有系統地向學生傳授知識、培養能力、進行思想教育的方法，這是最古老的教學方法，也是應用最廣、最普通的教學方法。

昆體良是古羅馬時期著名的教育家，皇室委任的第一個修辭學教授。榮獲這一職位，昆體良當之無愧，因為他在雄辯術方面造詣深厚，在教學上成就卓越。

西元三十五年，昆體良出生在西班牙的一個美麗小鎮上，當時西班牙是古羅馬屬地，雲集著來自各地的文學家、哲學家和雄辯士。昆體良的父親也是一名優秀的雄辯士，在這樣的環境下成長，他自然接受了良好的教育，以及雄辯術精髓。

昆體良三十歲時，已經是名聲赫赫的雄辯士了，這時，羅馬帝國設立了由國家支付薪資的雄辯術講座，委派昆體良為第一位教師。從此，昆體良不僅是一名雄辯士，還成為一位教育者。在這職位上，他工作了二十年。

由於出色的雄辯能力，昆體良常常受邀做為辯護人，承擔律師的重任，為當事人分憂解難。理論與實踐的結合，讓昆體良累積了豐富而實用的雄辯術經驗，成為最富盛名的雄辯術教師。

當昆體良退休後，朋友馬斯路斯請求他寫一本關於雄辯術的書。但昆體良婉言拒絕了，他說：「之前希臘已有許多傑出作家研究過這方面的問題，我沒有資格班門弄斧。」

馬斯路斯當即反駁他：「前人是撰寫了不少雄辯術著作，可是他們的意見

很不一致，有些還互相矛盾，導致後人無法從這些矛盾中做出正確選擇。所以現在賦予你這樣的使命是合理的，哪怕你不能有所獨創，也應該將以前的觀點進行整理，做出明確恰當的判斷。」

昆體良被說服了，於是在接下來的兩年時間裡，他謝絕一切應酬，將所有時間用來查閱資料、閱讀有關著作，並且不停地奮筆疾書，終於完成了六十五萬字的巨著《雄辯術原理》。

這部著作沒有因襲前人窠臼，進行了大量創新，昆體良提出了自己獨特的見解。儘管如此，他並沒有打算立即出版，而是想在創作熱情冷卻之後，進行細緻修改。可是馬斯路斯等人等不及了，他們一再催促昆體良交稿。

西元九十六年，昆體良不得不同意了朋友們的請求，將書稿交給了負責出版的人。在交出書稿時，他附帶了一封信，信中誠懇地說：「這部書還不夠成熟……我本打算等到熱情冷靜之後，以一個不帶偏見的讀者的身分對它進行修改，但是你既然如此迫切地要求出版……請記住，我相信你會謹慎從事，讓這部書盡可能正確地與公眾見面。」

既是演說家，又是教師，在昆體良身上充分體現出講授法的特色。

講授法的基本形式很簡單，教師講、學生聽，這一方法可以分為講述、講讀和講解三種方式。

講述，是教師敘述、描繪事物和現象，向學生傳授知識，進行教育。

講解，是教師運用解釋、說明、論證、公式、原理等，向學生傳授知識，進行教育。

古代雅典教育。

講讀，是教師運用教材一邊讀一邊講，向學生傳授知識，進行教育。

在實際教學活動中，往往三種方式穿插結合使用，要求做到以下幾點：

1、教師的觀點與教材要統一，講授的內容具有科學性和思想性。

2、語言應該準確、清晰、通俗易懂、簡練、生動，符合學生的理解能力和他們的接受水準。

3、教師應該全面而有系統地瞭解教材，並能突出重點和難點，抓住關鍵部分。

4、一定要貫徹啟發式教學精神，注意教導學生們聽講的方法，讓他們能夠聽懂教師的意思。

5、與其他教學法配合，比如採用電化教學等。

講授法做為最古老的教學方法，具有很多優點，比如可以使學生在短時間內獲得大量系統科學知識，靈活性大、適應性強等。然而，講授法也有一定侷限性，由於學生缺乏直接實踐和即時回應的機會，勢必影響到學習積極性，無法啟發思維和想像，進而形成注入式教學。

## 小知識

西塞羅（西元前106年～西元前43年），古羅馬傑出的散文作家和政治活動家，對於古代羅馬的教育有著重要貢獻。他是雄辯術教育的積極宣導者，所著的《雄辯術》一書，是古代有關雄辯教育的最重要的著作之一。

# 懷疑論文是否抄襲的老師，
# 忽略談話法

談話法是教師在學生已有知識經驗的基礎上，藉助啟發性問題，透過口頭問答方式，引導學生進行比較、分析、判斷等思維活動，進而獲取新知識、鞏固舊知識的方法。

趙先生是一位美國大學教授，最近遇到一件頗感為難的事情。他的一名學生提交了一篇學期論文，做為期末考試的任務。他翻來覆去地閱讀這篇論文，感覺不僅風格清新，而且創意無限，讓人無法相信這是一位在校大學生所寫。

趙先生不由自主地想：「這是不是抄來的？」為了搞清楚論文是否抄襲，他到圖書館查閱最近的期刊、書籍，看看有沒有類似的文章或者觀點，可是忙了大半天也一無所獲。該如何評判這篇論文呢？如果是抄襲的，當然不及格；如果不是抄襲的，那就太棒了。現在搞不清是否抄襲，趙先生也就難下斷言，為此他只好向一位同事請教，想聽聽他的看法。

同事得知趙先生的困惑，十分驚訝：「你不能查出學生的論文是抄襲的，就不能說他存在抄襲的行為。你要知道，你的學生沒有義務證明自己的論文不是抄來的，這是羅馬法的精神。文明與野蠻的區分，不就是這麼細微的區別嗎？這是常識問題，你卻為此發愁，真是莫名其妙！」

趙先生聽了這話，頓覺慚愧，反思之際不免想起自己少年時代的一次遭遇。當時他讀小學，每星期都有作文課，國文老師喜歡把全班的作文排名次，然後當堂唱名發還。要是名次排在後面，當然會非常難堪。所幸趙先生喜歡作文，而且還很努力，所以每次發還作文時，他都是在前幾名。

柏拉圖和他的學生在阿卡德米學園。

可是有一次，老師在發還作文時，遲遲沒有唸到趙先生的名字。直到最後一名了，才是趙先生。他很納悶，覺得自己這次作文十分出色，怎麼會排在最後呢？於是下課後他忍不住去問老師。沒想到老師生氣地反問他：「這篇作文根本不像你這樣的小學生寫的，一定是你抄來的吧？」趙先生大感吃驚，忙說：「是我寫的，不是抄的。」老師根本不信，自顧自地說：「你沒有能力寫這麼好，確定是抄的。如果不是抄的，那你拿出證明來！」趙先生無言以對，他只好委屈地哭了一場，這件事也就不了了之。

老師沒有經過與學生談話，就武斷地認為文章是抄襲而來，這一做法違背談話法教學原則。

談話法是最古老的教學法之一，它的基本形式是，學生在教師引導下，經過獨立思考進行學習。具體方式有啟發式談話法、再現談話法、講授談話法三種。

啟發式談話法一般用於傳授新知識，由教師根據教學目的提出一系列啟發性問題，引導學生積極思考並做出正確回答。

再現談話法一般用於鞏固知識或者檢查知識，教師根據學生學過的教材

提出問題，學生透過回憶進行回答。

講授談話法一般用於講授過程中或在學生活動過程中，有助於提高學生聽講的積極性，提高學習效率，及明確學習重點。

運用談話法教學，需要注意幾點：

1、教師提問的問題應該適合學生程度，具有啟發性。

2、教師應該做好充分準備，談話具有計畫性。

3、教師提出問題時，表述方式應該通俗易懂，問題要明確，便於理解，問題有一定邏輯關聯。

4、談話可由學生發起，由學生向教師提出問題。

5、注意傾聽學生的回答，不管回答正確與否，都要有明確的態度，形成積極的互動關係。

運用談話法，可以較有效地激發學生的主動思維，使學生獨立思考，對開發智力有積極意義，而且能夠鍛鍊和提高學生的語言表達能力。不過與講授法相比，此方法完成同樣的教學任務需要的時間較長，同時當面對的學生人數較多時，很難顧及到每個人。所以在實踐中，談話法常常與講授法配合使用。

## 小知識

巴班斯基（西元1927年～西元1987年），當代俄羅斯很有影響的教育家、教學論專家。他畢生致力於教育科學研究，代表作有《教學過程最優化──一般教學論方面》、《教學、教育過程最優化──方法論基礎》，以及他主編的《教育學》。

# 智者回答問題答出討論法意義

討論法指的是在教師指導下，學生為了解決某個問題進行探討，進而辨明是非真偽以獲取知識的方法。

有一位智者，收了兩個徒弟。

有一天，兩個徒弟正在讀書，忽然看到一隻蜜蜂飛進屋裡。蜜蜂嗡嗡地叫著，似乎發現飛錯了地方，於是經過努力尋找後來到窗前。窗子上安裝著透明的玻璃，可惜蜜蜂認不出來，卻誤以為這是突破口。只見蜜蜂一次次地朝著窗子衝鋒，卻一次次被無情的玻璃擋住，重重地摔下來。

兩個徒弟靜靜觀察著蜜蜂，其中一人忍不住說：「這真是一隻蠢蜜蜂，明明知道這個方法行不通，卻還要這麼拼命，牠這樣做，即使用盡畢生力量也不可能成功。」他認為做任何事都不可強求，不能一意孤行，該放手時就放手。

另一個徒弟聽了這話，立刻反駁說：「不對。這隻蜜蜂十分勇敢頑強，牠不屈不撓，失敗了也不屈服。」他認為做人做事應該鍥而不捨，勇往直前，百折不撓。

兩人意見相左，不免爭執起來，互不相讓。

最後，他們誰也說服不了誰，只好來到老師的面前，請求智者做出裁判，評評誰對誰錯。

智者聽了徒弟們的爭論，沒有做出正面回答，而是拿出一張圓餅，交給徒弟們並說：「把這張餅從中切開，切成平等的兩份。」

徒弟們依照智者吩咐做了。智者笑著問：「你們說，這兩塊餅哪塊好，哪

塊不好？」

徒弟們訝然，他們無法做出回答。

智者說：「你們只是各自看到了不同的面向，卻沒有看到完整的東西。這正是形式上的差異，掩蓋了事物的本質啊！」

經過討論，兩位徒弟對問題有了深入的認知，這一故事反映出了討論法的意義。

討論法可以激發學生的主動性和積極性，培養他們獨立思考和口頭表達的能力，促使他們靈活地運用知識。

中國古代科舉考試圖。

運用討論法教學，學生需要具備一定的基礎知識和理解能力，所以此方法多用於高年級。進行討論時，有幾點需要注意：

1、討論的問題一定要具有吸引力。

2、在討論中，教師要善於對學生進行啟發引導。

3、討論結束後，應該做好總結。

在現代教育中，運用討論法必須做好以下幾方面：

首先，選擇好討論主題。選擇討論主題，可以從效度、難度、新穎度和熱度幾方面考慮。討論主題要難易適中，具有新穎度，受學生關注。

其次，把握好討論時機。一般時機出現在教師備案時和學生提出問題時。

第三，訓練討論技能。討論中要求學生應該具備思維、口頭表達和交際三種能力。所以，經常討論，讓學生喜歡討論，可以使他們的各種技能得到有意識地訓練和提高。

第四，討論有一定程序，一般分為三步。第一步是交流觀點，每個人說出對問題的看法；第二步是提出意見，每個人對其他人的觀點是否接受，提出改進意見，彼此完善對方的看法；第三步是總結觀點，達成比較一致的看法。

最後，當討論有了結果後，應該好好使用這個結果，讓其返回教學流程，成為重要的資源要素，並鼓勵學生進一步發揮、探究。

## 小知識

錢思亮（1908年～1983年），中國化學家，美國伊利諾大學博士，曾擔任北大化學系主任、臺灣大學校長、輔仁大學教授、中央研究院院長。

# 井底之蛙看不到更廣闊的天空，提醒我們重視參觀法

參觀法，是教師根據教學目標和需要，帶領學生到校外進行實地觀察、研究自然現象和社會現象，進而使學生獲取新知識，或驗證已學過的知識的一種教學方法。

有隻青蛙從小生活在一口廢棄的井裡，牠只知道井底這塊小地方，只能看見井口上方一塊小小的天空，從來不知道井外的世界多麼寬廣。

某天，當牠在井底玩耍時，一隻從東海來的海龜出現在井口。青蛙看見海龜，忍不住誇口說：「朋友，你瞧瞧我生活在這裡多麼快樂啊！高興了，可以自由跳躍；累了，我可以放鬆地休息；想要游泳，井底的水很充足，能夠淹過我的四肢，浸過我的下巴，讓我全身泡在水裡。至於散步，也是很方便的，在軟綿綿的泥漿裡踱來踱去，很舒服啊！我是這裡的主人，現在我熱烈地歡迎你這位客人，也來我的地盤玩玩，參觀參觀，並欣賞一下井底的空間。」

海龜聽了這番言論，不由得動了心，真想下去看看，可是牠的左腳還沒有全部跨進去，右腳就已經被井口絆住了。海龜連忙後退兩步，站穩腳跟後，對著井底的青蛙說：「先生，你見過大海嗎？大海廣大無邊，何止千萬里；大海縱深無底，何止百千丈。夏禹時，十年有九年水災，大海的水也不見增多，商湯時，八年有七年乾旱，海水也不見少。永恆的大海，不會隨著時間的長短而改變，不會因為雨量多少而漲落。住在寬廣如斯的大海裡，才是真正的逍遙快樂啊！」

青蛙聽了這話，驚訝地瞪大眼睛，什麼話也不敢說了。

夏禹王像。

禹

克勤于邦　烝民乃粒
應敍在勤　厥中允就
惡酒好言　九功由立
不伐不矜　振古典及

　　只拘囿於井底，就會看不到更廣闊的天空，這個故事反映出參觀法在教學中的作用。參觀法的基本形式是，學生在教師指導下獲得直接經驗。

　　參觀法有三種表現方式：準備性參觀，適用於學習某種知識之前；並行性參觀，適用於學習某種知識過程中；總結性參觀，適用於學習某種知識後。

　　運用參觀法教學，一般需要注意以下幾點：

1、教師應該事先到參觀地實地考察，瞭解各種情況，並做出計畫。另外，教師還要做好參觀動員工作，使學生明白參觀目的、要求和任務等。比如參觀時需要收集哪些資料、注意事項等。

2、在參觀時，教師應該關注和引導學生，像是提出一些啟發性問題、提示某些細節等，鍛鍊學生的能力，以免學生走馬看花，達不到參觀目的。

3、參觀後，教師要幫助學生進行總結，例如繪製圖表、撰寫參觀心得等，使感性認知上升到理性認知。

參觀法可以豐富學生的感性，開闊視野，使教學與實際生活聯繫起來，並能讓學生受到實際教育，因此在小學教學中被廣為運用。在現代教學中，參觀法包括參觀書畫攝影展覽、歷史文物、名勝古蹟、自然風光、動物花卉等，進行參觀時，教師一定要注意嚴格組織紀律，不能放任自流。

## 小知識

保羅・孟祿（西元1869年～西元1947年），美國教育家、教育史學家。著有《希臘、羅馬時期的教育史資料》、《教育史教科書》、《教育百科全書》、《中等教育原理》等，其中以《教育史教科書》最為著名。

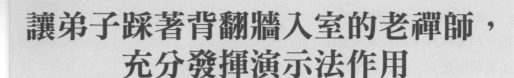

# 讓弟子踩著背翻牆入室的老禪師，充分發揮演示法作用

演示法，是一種有著悠久歷史的教學法，指的是教師以陳示實物、教材、進行示範性實驗，或者透過現代化教學手法，讓學生獲得知識的教學法。

禪院裡生活著一位德高望重的老禪師，慕名前來向他拜師學習的弟子非常多。老禪師悉心教導他們，傳授經文佛法和做人做事的道理。

有一天夜裡，老禪師讀完經書後，難以入眠，就到禪院裡散步。此時，月光如紗，籠罩著高大的松柏和一間間低矮的禪房。老禪師走著走著，不知不覺來到院牆邊，他意外發現牆根下立著一張椅子。

老禪師立即明白了，肯定是哪位弟子違反寺規，趁著夜色翻牆外出去了。他沒有聲張，而是靜靜地走到牆邊，把椅子挪開，他自己則就地蹲下，一動也不動。

老禪師靜靜地蹲著，不到半個時辰，牆外果然傳來一陣響動。接著，一位年輕和尚翻牆而入，朦朧中他踩著老禪師的背，跳進了院子。當他的雙腳落地時，發覺有些不對，於是趕緊仔細查看，這才明白原來自己踩的不是椅子，而是師父。他嚇壞了，驚慌失措地不知道說什麼才好，只好呆呆地站著，等候師父責罵和處罰。

然而，老禪師並沒有厲聲厲色地斥責，而是平靜地說了一句：「夜深了，天氣涼，趕緊去多穿一件衣服，不要凍壞了。」

老禪師讓弟子踩著自己的背翻牆而入，以自身為例，去感化和教育弟子，這是一種演示法教學的表現。

在中國宋朝，有個叫王唯一的醫學家撰寫《銅人腧穴針灸圖經》一書，並鑄造銅人模型，在上面刻示經絡腧穴位置，還繪製了十二經圖。這是醫學史上典型的演示法教學。十七世紀，捷克教育家夸美紐斯用皮製的人體模型在教學中進行演示，後來，瑞士教育家裴斯泰洛齊又用算術箱進行演示教學。

隨著現代科學和技術發展，演示教學的手法和種類越來越多。根據演示材料不同，可以分為實物、標本、模型演示；實驗演示；圖片、圖畫、地圖演示；影片、教學電影演示等。根據演示內容和要求不同，可以分為事物現象演示、呈現事物內部情況及變化過程的演示。

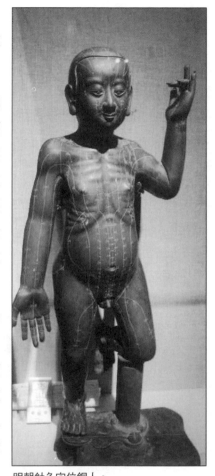

明朝針灸穴位銅人。

運用演示法教學，需要掌握一定要求。

1、演示應該有明確的目標，符合教學的需要和學生的實際情況。

2、演示的對象應該清晰明瞭，使學生能明確地感知。

3、演示過程中，教師要適當地引導學生觀察，使學生注意力集中，清楚地認識演示對象的主要特徵、主要方面或者事物的發展過程。

4、應該適時地陳示。

5、進行演示時，最好結合講解和談話，使演示與書本知識密切結合。

演示法可以提高學生的學習興趣，發展他們的觀察能力和抽象思維能力，進而減少學習過程中遇到的許多困難。

## 小知識

巴格萊（西元1874年～西元1946年），美國教育家，要素主義教育流派的主要代表。他曾提出了一個綱領，名為《要素主義者促進美國教育的綱領》，闡述了要素主義教育思想的基本原則。主要教育著作有《教育過程》、《教育的價值》、《教育與新人》等。

# 宋人學偷不成因為不能體會陶冶法深意

陶冶法，也叫「情感陶冶」，是指有意識地創造設置一種良好的情景，使受教育者置身其中，潛移默化地受到影響，進而培養品德的方法。

古時候，齊國有一位富翁，姓國，是當地首富。宋國有個姓向的人，家裡特別窮，聽說齊國首富的事後，十分羨慕，不遠千里趕來向他學習致富的訣竅。

姓國的富翁告訴姓向的窮人說：「我能發跡，在於我擅長偷竊。經由這種方法，我一年就能滿足日常需求；兩年就能生活富足，三年就可以獲得大豐收了。從此以後，我開始對鄉里鄰居們廣泛施捨，救濟貧苦人。」

姓向的人聽了，非常高興，急忙趕回家中，開始按照富翁傳授的祕笈致富。可是他只記住了「偷竊」二字，卻不知道「盜竊」的具體含意是什麼。於是，他準備了繩索鑿鋸，穿牆破室，只要是能看見的、能摸到的東西都偷走。

姓向的人連續偷竊了兩次，都沒有被人發現，因此他更加得意，認為自己學到了致富的真正精髓。然而，第三次行竊時，好運氣再也不肯光顧他，他被當場捉住，送進大牢。而且官府還查抄了他的家產，把他前兩次偷的東西，以及祖輩遺產全部沒收。

姓向的人覺得很委屈，認為姓國的富翁騙了自己，所以他出獄後第一件事就是趕往齊國，找國富翁評理。國富翁並沒有發火，而是問他：「你是如何盜竊致富的？」姓向的人一五一十說了自己的經歷。國富翁聽了，大為驚訝地

說：「哎呀，你怎麼能如此錯誤地理解我說的『偷竊』之法呢？現在你好好聽我說說偷竊之法的真正含意。天有春、夏、秋、冬，地有土壤肥力，我偷竊的正是天時和地利，按照季節變化和雨水多寡，春種秋收，根據土地肥沃程度，布穀施種。這樣我的禾苗可以更快速地成長，莊稼能夠獲得最大豐收。依靠勞動收入，不但可以滿足衣食所需，還有了建築房屋的材料。再者，陸地上的飛禽走獸，水裡的魚鱉蝦蟹，都是可以『偷竊』得來的。這些大自然的產物，哪裡是我個人所有？可是偷竊自然之物卻不違法，就不會有災禍。而你，不從自然中『偷竊』，卻盯上了別人的金玉珍寶、穀物綢緞，這是別人辛勤勞動所得，你不勞而獲，當然會違犯法令，會被判罪。所以你不能怨恨我啊！」

宋人無法體會「偷竊」的真實含意，自然不能學習到發跡致富的真本領。這個故事讓我們看到陶冶法在教學中的作用和意義。

陶冶法是德育方法之一，包括三種方式：人格感化、環境陶冶和藝術陶冶。運用這種方法，需要注意的事項如下：

1、教育者不能過多的說教，而是運用各式各樣的積極情境，使受教育者自然地受到耳濡目染和薰陶。

2、教育者要付出愛心，並能以身作則，這是陶冶法的重要誘因。

3、發揮陶冶法的作用，首先要注意環境對人的影響，因此在現代教育中，良好的班風、學風，嚴謹的班集體，都會誘導學生養成熱愛學習、勤於動腦的好習慣；整潔優美的環境，能夠起到振奮精神、積極向上的作用。

4、在陶冶法教學中，還要注意典型人物的影響。比如教師的人品、情緒，對學生不自覺的影響巨大。

5、進行陶冶法教學，應該善於有目的、有計畫地設置各種有意義的情境和活動。例如藉助音樂、戲劇、電影、舞蹈等文學藝術的感染，陶冶學生的思想品德。

## 小知識

桑代克（西元1874年～西元1949年），美國心理學家，動物心理學的開創者，心理學聯結主義的建立者和教育心理學體系的創始人。他提出了一系列學習的定律，包括練習律和效果律等。主要著作有《動物智慧》、《教育心理學》等。

# 國學大師屈萬里質問
# 最勤奮的學生問出評價法

評價法，就是透過評價，對學生在日常學習過程中的表現、取得的成績，以及各種情感、態度的發展，做出一定認知和總結。

屈萬里先生是中國著名國學大師，他年輕時曾經擔任山東省圖書館館長。抗日戰爭期間，為了保護國家財產，他冒著生命危險，護送館內金石器物七百三十四件，珍貴字畫一百七十一件，善本古籍四百三十八種，從山東濟南輾轉到達川西樂山，歷經坎坷，屈先生後來把這段經歷寫成〈載書漂流記〉一文，堪稱中國圖書館史上的重要文獻。

屈萬里夫婦一九六六年攝於普林斯頓大學。

屈先生對《周易》及先秦文化具有獨特的興趣和研究，著作等身，影響了臺灣的幾代學人。在臺灣大學中文系任教多年，屈先生弟子滿門，桃李遍天下。七十大壽時，弟子們送他一幅壽聯：「七十人生開始日，三千弟子晉呼嵩」。

屈先生教學謹嚴細密，要求學生「大處著眼，小處著手」，善於發掘問題。在研究問題時，他注重證據，要求學生能夠充分熟悉研究對象，掌握第一手資料。

在教學過程中，屈先生還啟發學生們要善於思考。有一段時間，一位特別

勤奮的學生引起大家注意。每天早晨五點鐘這位學生就到圖書館讀書寫作，中午吃完飯接著讀書，一直到晚上十點鐘才回寢室。同學們都很羨慕他，老師們也都誇他勤奮好學。可是屈先生卻不這麼認為，一天，他主動找到這位學生問他：「你每天都是幾點鐘去圖書館的？」

「清晨五點。」學生回答。

「那麼你中午休息多長時間？」屈先生又問。

「不休息。」學生很堅定地說。

「晚上幾點休息呢？」先生接著問。

「十點鐘。」學生看起來很得意，也許他覺得先生會表揚他。

「可是，」屈先生忽然語氣一轉，「你這樣做，又有多少時間用來思考呢？」

「這……」學生無言以對，頓時明白了自己做法的錯誤所在。

屈萬里先生提醒學生善於思考，善於反思，體現出評價法在教育學中的地位。在學習過程中，評價法是不可缺少的。它具有很多優點，比如能夠激勵學生學習，幫助他們有效調控自己的學習過程；還可以讓學生獲得成就感，進而增強信心；亦能夠激發學生的合作精神。

評價是一種反思的過程，因此對學生日常學習中做了什麼、能做什麼做好記錄，可以反映學生的進步情況，使學生在學習中得到激勵。在教學過程中，教師可以結合實際情況，利用各種形式鼓勵學生開展自我評價、同學間互相評價、教師評價等活動。比如採取遊戲方式、製作表格等。

在日常教學活動中，「鼓勵評價法」是很常用的一種方法。這種方法的基本形式是學生在學習中，教師善於對其進行讚揚和鼓勵。透過鼓勵評價，

可以激發學生的內在潛能，尤其是自信心不高的學生，推動作用更為明顯，進而使學生形成持續性、發展性能力。

鼓勵評價，可以使用語言和體態兩種方式進行。教師用語言對學生鼓勵評價，一定要發自真心，尊重每位學生，這樣才能創造出讚賞性、生動性地鼓勵語言。這類語言傳達到學生的耳中，如同興奮劑一般振奮精神，提高學習熱情，而且還會增進師生感情，滿足學生的成就感。這就是德國教育家第斯多惠說的：「教學的藝術不在於傳授本領，而在於激勵、喚醒和鼓舞。」

體態鼓勵評價，指的是採用某種獎勵措施，例如根據表現畫星星、戴小紅花等具現化榮譽激勵，使學生得到充分的自我肯定，以及心理上的滿足，這樣他們在學習時就會表現出輕鬆、樂觀的良好情緒。

總之，積極的評價可以滿足學生自尊的需要，使他們的性格潛能得到更好地發掘和表現。

## 小知識

鈴木鎮一（西元1898年～西元1998年），日本著名的小提琴家、音樂教育家，曾擔任日本才能教育研究會會長。他的教育理念引發了世界範圍的教育革命，「鈴木教學法」已推廣到全世界，成為世界著名的四大音樂教學法之一，被認為是最符合人類學習原理的幼稚教育法。

# 邯鄲學步學成爬行動物，在於不懂練習法

練習法，是學生在教師指導下，依靠自覺的控制和校正，反覆地完成一定動作或者活動，進而形成某種技能、技巧或行為習慣的教學法。

春秋時期，燕國壽陵有一位少年，家中生活富足，衣食無憂。加上他本人長相出眾，照理說也是一位帥哥人物，本該幸福快樂地過日子。可是這位帥哥有個缺點──缺乏自信，經常無緣無故覺得自己不如別人。在他眼裡，衣服是人家的好，爹娘是人家的親，甚至，為了趕時髦，追時尚，他還喜歡模仿別人，有點像現今的追星族。

有一天，這位少年在街上走路，無意中聽到幾個人說說笑笑，他們在議論一個非常時髦的話題：邯鄲人走路姿勢特別優美。邯鄲是趙國首都，是當時各諸侯國中最發達的地區，人文、經濟都很先進。少年聽了這麼一句，不由得心動了，趕緊上前幾步想探聽明白。不料，那幾個人看見他，忽然一陣大笑後揚長而去。

少年很不是滋味，他早就覺得當地人走路難看，現在居然有人說邯鄲人走路好看，那麼我何不去一探究竟？有了這樣的想法，他在家中就待不下去了，瞞著家人偷偷跑到邯鄲學習走路。

來到邯鄲，果然大開眼界，只見繁華的大街上，人人走路的姿勢真的都很優雅，舉手投足間，在在顯出很高貴的風度。壽陵少年真是自慚形穢，連忙跟在邯鄲人後面，一步一步地模仿起來。

可是學了幾天，壽陵少年卻覺得越走越彆扭，他想，一定是自己原來的走

邯鄲學步石雕像。

路惡習太深了，如果不能徹底拋棄原來的步法，肯定學不好新姿勢。於是他決定從頭學起，每邁出一步都要經過仔細思考，如何擺手、扭腰也要先計算尺寸，完全按照邯鄲人的樣子做。為了學習走路，他廢寢忘食，日以繼夜，沒想到，學了不到半個月，不但沒有學好邯鄲人的姿勢，反而把自己原來走路的樣子也忘了。

這時，壽陵少年身上的盤纏花光了，也不會走路了，只好爬著回家了。

沒有掌握正確的練習法，壽陵少年沒有學會優雅的走路姿勢，反而忘記了本來的走路樣子。這個故事就是告訴我們，練習法在教育學中的作用。

練習，可以刺激神經系統，形成一定動力定型，保證某種活動順利、成功完成。因此練習法對於鞏固知識、將知識應用於實踐、提高能力和道德品格等，都有重要意義，適用於各種學科，特別是工具性學科，如國文、數學、外語，以及技能性學科，如體育、美術、音樂等。

在教學實踐中，練習法一般有三種形式：心智技能練習，如閱讀、寫作練習；動作技能練習，如體育、勞動操作；行為習慣練習，如禮貌習慣、衛生習慣等。不管哪種練習，練習過程大致有三個階段，開始階段進步較慢，隨著練習增多，進步變快，達到一定程度後，進步又逐漸停滯。在教學中，教師應該根據不同階段，做出有計畫、有步驟地教學活動。

運用練習法時，也有具體要求：

1、目標和要求應該明確。練習不是簡單的、機械的重複，需要有目的、有步驟地進行，因此練習時，學生根據練習計畫，需要瞭解每

次練習的具體目標和要求，以求循序漸進，自覺練習。

2、練習材料應該精心挑選。根據練習目標和要求選擇材料，加強基本技能訓練，在練習過程中，採用多種方式，如典型練習、變式練習等，使學生能夠舉一反三，提高實際操作和創造能力。

3、練習方法一定要正確。不管哪種練習，學生都應該積極投入。開始練習前，教師一定要進行講解和示範，使學生清楚地瞭解練習的方法和實際動作，然後進行有效練習。練習時，應該先求正確，然後再追求熟練。教師可以適當變換練習的花樣，提高學生的興趣和練習效果。

4、練習的次數、時間和份量要適當分配。練習不是越多越好，應該根據學科性質、材料和年齡差別，進行適當分配。一般來說，適當分散練習比過度集中練習效果更好；練習開始階段，次數可以適當多些，但練習時間不要過長；隨著練習深入，可以適當延長時間，減少練習次數。

5、練習結果要進行認知和總結。每次練習後，都要檢查，看看哪些方面有成效、哪些方面有缺陷等。根據具體情況做出取捨，或者進行校正性練習。

## 小知識

井深大（西元1908年～西元1997年），日本SONY公司創辦人之一，著名企業家、教育家。著作有《母親從零歲開始的育兒方法》、《教育從幼稚園開始太晚》、《還剩一半的教育》等。

# 圓圈測試測出實驗教學法

實驗法，是指學生在教師指導下，運用儀器設備進行獨立操作後，觀察和研究操作引起的現象及其過程，進而獲取知識的教學法。

有一位老人特別熱衷於進行各式各樣的測試，某天，他突然想起了一個十分有趣的測試，這個測試不僅內容十分新穎，結果也是發人深省的。

老人測試所進行的內容其實很簡單，就僅僅只是一個圓圈而已，但是測試的對象十分廣泛，包括小學生、國中生、大學生和機關幹部。在一個教室裡，老人用粉筆畫了一個最簡單、最普通的圓圈，然後邀請測試對象結合這個圓圈回答他所提出來的問題。

首先，到教室裡接受測試的是國小一年級的學生，小朋友們看到了圓圈以後的反應都不一樣，當老人問孩子們黑板上畫的是個什麼東西的時候，有一個小朋友說：「這是一個句號。」接著又有一個小朋友反駁他說：「這是一個燒餅。」其他的小朋友都爭先恐後地回答，有的說：「是一輪明月。」有的說：「是一個乒乓球。」

第二批接受測試的是一群國中生，老人根據學業成績將他們分成了好幾個不同的組，分別是成績好的、成績中等的和成績差的。老人問他們黑板上是什麼，一個學業成績很好的同學回答說：「這是一個零。」另一個學業成績不好的學生回答說：「這是一個英文字母『O』。」

接著進行測試的是大學生。一群大學生走進了這間教室，他們不屑地看了一眼黑板上的東西，沒有人認為這就是今天所要測試的內容。當老人向他們提問的時候，每一個人都覺得這個問題十分不可思議，這麼簡單的問題他們都認

為根本沒有必要去回答了。

最後接受測試的對像是機關幹部，他們在工作人員的帶領下走進了教室，每個人的身後都有自己的隨從或祕書。他們一邊喝水一邊聽著老人講述今天測試的內容，得知了內容之後，幹部們都很淡定，他們思考了許久才開始發言，就見一位幹部站起來頗具威嚴地回答說：「我覺得這個問題需要進行一下社會調查，才能得出一個正確的結論。」

同樣的圓圈，不同的結果，造成此一現象的原因來自於各方面，這裡我們要說的是，圓圈測試做為一個實驗，體現出實驗法在教學過程中的作用和意義。

實驗法的基本形式，是在教師指導下，學生獨立自主的學習。它具有很多優點，學生親自操作，實現從感性認知到理性認知的過渡，學習過程較為完整，可以鍛鍊學生的觀察、獨立思考和動手能力。同時，實驗操作還可以培養學生求實、探究的科學態度和精神，以及熱愛科學的情感。另外，實驗操作往往需要合作完成，還能鍛鍊學生的合作能力和精神。

所以，「自主、探究、合作」是實驗教學法的基本特點，其核心思想是以問題為起點，圍繞實驗過程和方法這個軸心展開教學，讓學生主動建構自己的知識與技能，提升態度與價值觀。這個過程是學生思考、探究在先，教師講解和分析在後，具體實施過程中，教師需要注意以下幾點：

1、教師應該做好準備工作。由教師提供問題目標或者任務，學生以此為基點進行自主地探究實驗。準備工作還包括向學生交代實驗內容、步驟、使用儀器方法等，確保學生明白無誤。

2、教師不能先入為主，不要提前講解或預習教材資料。實驗過程要求學生獨立自主思考，主動地探究問題，可以猜想、想像，或者靠直

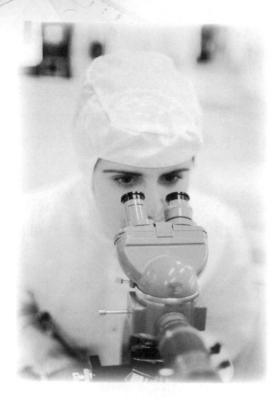

覺，總之是努力形成各自的實驗設計方案。

3、在學生思維受阻或遇到某些困難時，教師可以創設新問題情景，幫助、引導和激勵學生。如何判斷學生的困惑呢？教師可以從學生的體態語言、畫的圖、寫下的語詞中進行判斷，並且提供新的問題情景。如提供實驗器材使用說明書，使學生更好地選擇和利用實驗器材。

需要特別注意的是，教師介入實驗過程一定要把握好時機，過早介入會剝奪學生自主發現問題、解決問題的機會；太遲介入又容易使學生在困難面前產生畏懼情緒，失去探究的興趣。

把握時機引導學生進行實驗，切忌不要輕易告訴學生現成的方案和結論。

4、應該根據教學計畫安排實驗，必要時，教師可以與學生合作，以學生的身分發表個人的實驗設計，提前讓學生瞭解儀器設備，閱讀相關內容等。這種做法可以為學生創造比較、對照和反省的機會。

5、鼓勵學生質疑，或展開討論，還要幫助他們互相進行合作。實驗結束後，要根據具體情況進行總結，比如寫成簡單的報告、口頭彙報等。

一般而言，掌握了上述幾個環節，學生的實驗操作就會比較順利地完成。在實驗過程中，學生是否提出了深刻的問題，是評價實驗教學品質的標準之一。當學生提出的問題有可能轉化為探究性學習課題時，教師要鼓勵他們繼續鑽研。

## 小知識

托馬斯‧阿奎那（公元1225年～公元1274年），義大利中世紀神學家和

經院哲學家。他認為理智來自天主，他的
哲學證明上帝的存在以及世界靠上帝而存
在。他認為理智應服從信仰，為信仰服
務。他的認識論是唯心主義先驗論，其
哲學體系稱之為阿奎那主義，1879年由
教皇正式定為天主教會的官方神學。他本
人長期在歐洲各地講授神學和哲學，曾任
巴黎大學神學教授、羅馬教廷神學顧問和
講師，被稱為「天使博士」。他的著作很
多，主要有《反異教大全》、《神學大
全》等。

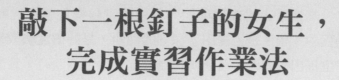

# 敲下一根釘子的女生，
# 完成實習作業法

在教學過程中，學生根據教師交代的任務，在課堂上或課堂外透過實際操作，把已經學過的知識運用於實踐，這就是實習作業法。

張曉梅出生在一個極普通的工人家庭，和所有的父母一樣，曉梅的父母日日夜夜盼望著她長大之後能夠出人頭地，有所成就。曉梅理解父母的心思，十分努力，儘管如此，她的成績一直不是很好，國中畢業後，只考上了一所技術類學校。

學校生活快要結束了，按進度曉梅和同學們應該到公司實習，完成最後的學習任務。沒想到天有不測風雲，這時經濟危機爆發，很多公司紛紛倒閉，失業者迅速增多。與曉梅的學校有實習業務合作的公司也接二連三關門，這種情況下，老師也沒有辦法，只好要求學生們自己聯繫公司，完成實習任務。

曉梅很為難，以她的條件要找到一家公司實習，真是件難事。確實如此，她的很多同學都覺得不好找，於是乾脆回家睡大覺。曉梅在經歷幾次失敗後，也想不了了之，可是她想起父母多年的辛勤付出，以及對自己的殷切期盼，立即放棄了退卻的念頭，她想：「我還要再試一次！」

這次，她精心製作了履歷，來到一家外資企業的門前。適逢這家企業正在招募員工，曉梅試探性地投遞上履歷，然後站在應徵者隊伍中，等候命運的裁決。很快，輪到曉梅了，招募人員簡單地看了看她和她的履歷，一臉不屑的表情，以極其輕描淡寫的口氣說：「我們不需要技術工人。」

曉梅感覺自己的身體有些沉重，不過她還是禮貌地收拾好自己的資料，起

身準備離開。就在這一瞬間,曉梅按著椅子的手忽然一痛,她低頭一看,原來椅子上有根鐵釘,露出了尖尖的小腦袋,把她的手心都扎出血來了。曉梅沒有多想,立刻拿起手邊的石鎮尺,輕輕敲了幾下釘子。看到釘子被敲進去了,她放下石鎮尺,轉身離去。

曉梅還沒有走出公司的大門,忽然聽見背後有人叫她,她奇怪地回頭張望,看見一位經理模樣的人走過來。那人喊住她,激動地說:「姑娘,我剛才看到妳將釘子敲進去了。真是太棒了,我們公司目前正需要這樣細心又能夠為他人著想的人才啊!」原來他是公司人事部經理,一直站在旁邊悄悄觀察每位應徵者。

曉梅被留在了公司,不僅完成實習任務,後來還與公司簽訂了正式聘用合約,成為公司正式一員。

這是一個實習故事,女主角以其良好的素質表現,最終贏得公司認可。從中我們看到,實習不僅是實踐書本知識,更是鍛鍊人品和思想的一種方式。

實習作業法的基本形式是,在教師指導下,學生運用所學知識解決實際問題。實習作業法是理論聯繫實踐的最佳形式,在這過程中可以有效提高學生的各種能力,提升他們的綜合素質。

運用實習作業法,有具體的要求和注意事項,一般來說,教師應當做到以下幾點:

1、對實習提出明確要求。每次實習作業都是在學習某種理論知識之後,由教師根據教學計畫提出的。教師在對學生交代實習作業時,一定要讓學生明白實習作業的目的和具體任務,這樣才能將理論有效地練習實踐,進而提高學生的自覺性,並保障活動取得良好效

果。

2、選擇恰當的實習方式。實習作業的方式多種多樣，比如測量、製作、栽培、社會實踐等。教師在交代實習任務時，應該根據所學知識的性質和特點，選擇一種與之相適應、並能鍛鍊學生能力的方式。

3、每次實習之後，教師要做好檢查工作。實習作業完成的效果如何，教師應該給予檢查和評價，幫助學生瞭解自己的實習情況，做出總結。

## 小知識

阮大年（1940年5月25日～），1975年12月，任中原理工學院院長，期間完成中原從理工學院升格為大學，成為台灣最年輕的大學校長。1984年6月，任教育部政務次長並推動完成廢除髮禁制度。1996年12月，任國立台中商專校長且完成台中商專升格為技術學院。

# 耳聾少女受益於賞識教育法

賞識教育的特點是注重孩子的優點和長處，逐步將其擴大，使孩子產生「我是好孩子」的心態，並變得越來越好。這個做法與抱怨教育相比，是人性化、人文化的表現，是素質教育的形式之一，可以實現自身和諧發展，家庭和睦相處，團隊和諧進步。

有位十分不幸的女孩，一出生就被老天奪走了「聽」的權利。失去聽力的她一直活在自己的世界裡，因為聽不到聲音，她不知道怎麼才能跟別人進行交流。幸虧，這位女孩的父親非常愛她，並用一種特殊的教育方法拯救了她。

由於沒有聽的能力，女孩特別沉迷於「看」東西，父親注意到這一點，很早就開始教她認識字。學會了許多字之後，父親發現女兒特別喜歡讀書，幾乎到了如癡如醉的地步，在五、六歲的時候，女孩就經常因為看書入迷而忘了吃飯和睡覺。也許一般的家長會對孩子的這種行為表示反對，甚至進行嚴厲的制止，而女孩的父親不但沒有責備她，反而鼓勵地說：「天才孩子成長的第一步，就是看書看到廢寢忘食的地步。女兒，妳已經踏出了天才的第一步，妳還會繼續走下去的。」有了父親的鼓勵，女孩深信自己就是天才中的一員，對以後的生活充滿了信心。

父親為了進一步增強女兒的自信心，又對她說：「妳覺得妳能不能成為世界上第一個會背圓周率小數點後一千位的孩子呢？這對妳來說可是一個十分艱難的任務，敢不敢挑戰一下？」

女兒瞪大了眼睛看著父親，然後鄭重地回答說：「好！我接受挑戰。」從此以後，父親每天都幫助女兒背誦圓周率的數字，為了便於記憶，他還把這些

數字編成了一個一個的小故事。一開始，女孩每天背二十幾位數字，漸漸地，每天能夠背出來一百多位數字了，不到一個月，這位聾啞女孩創造了奇蹟：她成功地背下來圓周率小數點後的一千位阿拉伯數字。

就這樣，女孩成為了一個神話。在女兒成功的那一刻，父親激動地說：「女兒，妳太了不起了，妳成功地做了一件一般人都做不到的事情，爸爸為妳感到驕傲。」在父親的賞識和讚揚下，女孩更加努力地學習和生活，後來她考上了大學，並留學美國。女孩的父親也因為其獨特的教育方法，成為遠近馳名的名人。

這位了不起的父親名叫周弘，他將自己的教育方法總結為「賞識教育法」，並進行大力推廣。如今，這一方法已經成為了世界著名的六大教育方法之一。

這則故事讓我們看到賞識在教育中的巨大作用。日本有位著名兒童小提琴教育家曾發現，兒童在學習說話、走路的階段，是進步最快的時期，因為這個階段父母總是用最欣賞、最得意的目光關注孩子，不會抱怨和嘲笑。只有鼓勵和讚賞，所以幼小的孩子能夠克服一切困難，去學會說話和走路。這個案例說明，賞識教育是非常有效的。

既然賞識教育如此重要，那麼教育者是不是就要千方百計地誇獎孩子、表揚孩子呢？事實並不是這麼簡單，賞識教育≠讚美＋表揚。例如在課堂上，老師讓學生們做十題數學題，有的學生全做對了，有的學生只做對了一、兩題。這時如果老師一味地表揚學生，哪怕只做對了一題的學生，老師也對他說：「你真棒，這麼難的題目都能做對。」想想後果會怎麼樣呢？固然這名學生一時不會難堪，可是久而久之，學生們會產生「做對做錯都一樣」的心理，優秀的學生會失去自豪感，後進生也感覺不到激勵作用。所以，一旦「賞識」變成一種習慣性語言或獎品，就變得乏味，失去效能。

實際上，在現代社會中，過度地誇獎和獎勵孩子是常見的，家長往往會無限制地滿足孩子，不管是物質上還是言語上，對孩子百依百順，過分寵愛，不分青紅皂白，總認為自己的孩子是最好的、最正確的。這樣做的結果，孩子們不但無法受到真正的鼓勵，還會變得自私自利、放任不羈，認為自己無所不能，缺乏合作精神和責任心。

可見，一味地「賞識」，孩子會變本加厲，那麼如何做到正確地「賞識」，或者說怎樣才是真正的「賞識」，「賞識教育」有哪些原則和具體的操作方法呢？

一般認為，賞識教育應該把握六大原則：信任、尊重、理解、激勵、寬容、提醒。在這些原則指導下，具體操作起來還要注意以下幾點：

1、因人而異去賞識。每個孩子都不一樣，賞識也要做到因人而異，並且關注到孩子每個進步的細節上。有的孩子勇敢，有的孩子沉穩，有的孩子細心等等，賞識可以是話語上的，也可以是體態上的，比如欣賞的眼神，或者拍拍肩膀、豎起拇指等。

2、賞識教育，注意獎懲結合。如果一味賞識，不給半點批評，即便孩子做錯了事也姑息遷就，會讓孩子養成任性、驕氣的性格，缺乏堅

韌的品格。每個人的成長都需要磨難，古語說「嚴師出高徒」，沒有經歷磨難的孩子，很難鑄就剛強的性格，無法適應未來的生存。

所以，賞識不是簡單的表揚，其根本目的在於培養孩子自信和堅強的品格。想要達到這個目的，鼓勵和批評就要互相並用，讓孩子明白失敗不可怕，勇於承擔責任，做一個負責任的人。

3、賞識教育，必須放眼未來，眼光長遠。「十年樹木，百年樹人」，教育是長期工程，不要指望孩子一、兩個月就會發生多大變化、進步多麼明顯，每個孩子都有潛力，我們應該承認差異，允許失敗，堅信每個孩子都會成功。只有這樣，才會使孩子人格完善，個性得到張揚，成功走好人生的每一步

## 小知識

伊拉斯謨（西元1467年～西元1536年），文藝復興時期尼德蘭人文主義思想家、教育學家。他主張在教學中採用直觀教材，「事物先於文學」；反對棍棒教育，要求把表揚和批評適當結合起來。晚年，他還曾注意女子教育。教育著作有《論正確的教學》、《基督之子的教育》、《論童蒙的自由教育》等。

# 派克的進步教育運動，促生昆西教學法

一八七五年至一八八〇年，派克擔任麻薩諸塞州昆西市教育局長期間，領導和主持了昆西學校實驗，創立昆西教學法。同時提出了教育的基本原則：教育要使學校適應兒童，而不是使兒童適應學校。

派克是美國著名教育家，被稱為「進步教育之父」。他創立了昆西教學法，其教育改革思想被認為是美國教育史的新起點，為教育學的發展做出了重大的貢獻。

派克的教育學理論和教育學方法，強調兒童是教學活動的中心，認為一切精神、道德的活動都有賴於兒童自我活動。這一思想直接影響了教育家杜威，成為杜威教育思想的重要泉源。

派克的教育學思想，體現在他對學校日常教育活動的管理中。

有一天，派克當著眾人的面，將學校裡的教科書丟進垃圾桶裡，老師們都很詫異，不知道他要做什麼。有一位老師忍不住低聲問他：「先生，你是要放棄你最鍾愛的教育事業嗎？」

派克聽了，回答說：「怎麼可能？我只是有一些新的教學想法而已，我覺得教育不能僅僅拘泥於教科書，教科書都是死的，但是學生和老師都是活的，應該根據時代和學生的特點進行教學。」

老師們聽了他的話，似懂非懂，只好搖搖頭，轉身離開了。

慢慢地，老師們都熟悉了派克的教學法。派克雖然身為教育局長，卻親自

承擔教學工作，而他與其他老師不同，上課的時候他不會帶著教科書去給同學們講述，而是帶著最新的報紙和雜誌，以及自己設計的教育資料。他向同學們講述世界各地最近的新聞，講完之後，他會讓同學們輪流起來發言，發表一下對這些時事的看法以及解決某些問題的方法。

到了上生物課的時候，很多老師都是在學校裡向同學們講解課本上的一些植物，而派克卻帶著同學們去附近的山上採集一些植物的標本，觀察自然界的各種植物和動物。這樣的觀察讓同學們對一些基本知識印象更加深刻，也讓同學們能夠近距離接近大自然，瞭解大自然。

在課堂上，派克還要求同學們根據興趣和愛好，分成不同的小組進行學習、討論和活動，鼓勵他們互相之間進行交流。

有些學校的領導階層並不能理解派克的做法，也不能容忍其他老師效仿這

種做法，不免與派克產生一些衝突。然而事實證明，派克的教育理念對學生的全面發展十分有益，在他指導下，學生們在各方面都表現優良，素質提高。

由派克創立的昆西教學法，是針對當時教育的形式主義傾向，進行教育革新實驗的結果。派克汲取了教育家裴斯泰洛齊、福祿貝爾等人的某些觀點，提出了教育的基本原則：教育要使學校適應兒童，而不是使兒童適應學校。在教育革新過程中，他大膽地進行了多項改革措施：

1、教學過程以兒童為中心，安排各種適應兒童的活動。

2、注重實作型的課程，比如測量、繪畫、勞動等，並強調各學科的相互關聯。

3、反對機械背誦，注重課外觀察和實驗，強調理解。

4、取消教科書，用報紙、雜誌或者時代性強的讀物代替課本。

這些具體而激進的措施，有力地刺激了當時的教育觀念和方法，使得「昆西教學法」名聲大振，並掀起了一場轟轟烈烈的「昆西運動」，也直接帶動了美國進步教育，成為進步教育運動的先驅行動。

昆西教學法，又稱昆西制度，從具體措施中我們發現它的主要特徵如下：

第一，強調兒童的中心作用。認為兒童具有內在的能力，教師必須瞭解兒童的本性，根據本性提供相對的條件，滿足他的需求。

第二，重視學校的社會功能，認為學校能夠促進民主制度發展，是理想的家庭、社區和雛形的民主政治形式。

第三，主張學校課程與實踐活動結合，喚起兒童學習的積極性和專注力，並且摒棄抽象、無意義的形式訓練，注重各門學科統一，讓學生獲得整

體知識。

第四，培養兒童自我探索和創造的精神，使學生養成探究、發現的習慣。

派克說：「教師的偉大工作是指導學生發現真理。」在他去世後，他的弟子庫克將他的思想與杜威的思想進行融合並付諸實踐，進一步發展了「昆西教學法」。

## 小知識

伊曼努爾・康德（西元1724年～西元1804年），德國哲學家。他認為教育有多方面的任務，包括技能、體能、德行等，並把宗教教育當成德育的一部分，並且力圖透過教育，實現自己的哲學思想，改造人類社會，著有《教育論》。

# 三顆糖的故事與孟祿的設計教學法

設計教學法，就是設想、創設一種問題的情景，讓學生自己去計畫、去執行，進而解決問題的一種有目的、有計畫、有實際活動的學習方式。

陶行知先生是中國教育學歷史上一個重要的人物，他所取得的成就並不是偶然的。從小他就是一個聰明好學的孩子，在十幾歲的時候就得到了私塾先生的賞識，得以免費去上課。

一個冬天的早晨，陶行知去私塾遲到了，看到老師已經開始講課，他就沒有進去，而是站在門外聽講。不一會兒，天上下起鵝毛大雪，此時天寒地凍，陶行知不為所動，硬是堅持著站在雪地裡聽完了一上午的課。

私塾先生講完課時，發現了門外的陶行知，這時候的他已經凍得渾身哆嗦，嘴唇青紫，可是他卻還在認真地寫著什麼。老師見此，不禁感動得落下了淚水。

陶行知長大後，成為了一名教師、一所學校的校長，由於為人清廉又很正直，所以不管是學生還是老師都十分尊敬他。

有一天，陶行知在校園裡散步，看到令他震驚的一幕：學生李明正在拿著塊磚頭砸另一個同學。陶行知當即走過去制止了李明，並告訴他放學之後去校長室見自己。

放學後，李明來到校長室前，低著頭站在門口，侷促不安地等著校長的到來。

陶行知紀念館。

不久，陶行知先生來了，他看到李明，顯得十分高興，伸手從口袋裡掏出了一顆糖遞給他，說：「你按照我的要求準時來到了這裡，說明你很尊重我，這是給你的獎勵。」

李明用詫異的眼光打量著陶行知，不知所措地接過了那一顆糖。

接著，陶行知又掏出了一顆糖遞給李明，說：「我已經調查過了，那些被你砸的孩子是因為不遵守遊戲的規則，欺負別人，你才砸他們的，你是一個正直而又善良的學生，有跟壞人抗爭的勇氣，所以再送你一顆糖。」

聽了陶行知先生的話，李明慚愧地低下了頭，說：「校長，他們都不是壞人，是我的同學，我錯了，我不該砸他們，您還是懲罰我吧！」

陶行知先生笑了，然後說：「你能夠明白自己的錯誤，說明你還是一個好學生，我還有最後的一顆糖，也送給你。」

李明拿著陶行知先生送的三顆糖，若有所思地走出了校長室。

　　陶行知先生用三顆糖教育一位做錯事的學生，這過程顯然是先生事先設計好的。這種透過設計活動來進行的教學，就是設計教學法。根據不同標準，設計教學法有不同分類：按照學生的人數，可以分為個別設計、團體設計；依照學科範圍，可以分為單科設計、合科設計、大單元設計；依照教材性質，又可分為建造設計、思考設計、欣賞設計、練習設計等。

　　設計教學法具有自身的特點，具體如下：

1、設計要有明確的目的。設計的目的是什麼？可由教師提出，也可由學生自己決定。不過最後是學生本人的工作，是他為了解決一個實際問題而工作，這樣才能調動他的積極性，專心致志地去做。比如為了澆花製造灑水壺，這就是一個設計。

2、設計要有計畫。每項活動都是在計畫指導下進行的，所需材料、所用時間、步驟、方法，都要學生事先考慮計畫妥當，才能有條不紊地進行下去。如果學生不是自己制訂計畫，而是在教師安排下從事活動，就不是設計活動。

3、設計要在實際環境或者與實際情境相似的環境下進行。例如學習農作，要到農田裡去。

4、注意手腦並用，鍛鍊能力。設計活動既需要動腦子想，也要動手去做，注重理論聯結實際，因此在設計實行中，特別強調一面做一面想。

5、設計是一個完整的過程，不能片面強調某個單元或者某個科目。大單元設計活動，更是突破學科界限束縛，可以用到各科教材。

6、設計是自主的、自動的活動，教師始終處於指導地位，而學生必須自己決定目的、擬定計畫，進行實行，並且做出評價。

以上分析可以看到，設計教學法體現了實用主義的教學過程及其理論。因為注重實際，有利於培養學習解決實際問題的能力，激發學生的學習興趣，並能使學生獲得解決問題的完整經驗。不過設計教學法也存在一定問題，主要是浪費時間較多，還需要一定的物質條件。而且由於過於強調實際，不易使學生獲得系統知識，難以全面發展，不易形成科學世界觀。

## 小知識

夏爾‧傅立葉（西元1772年～西元1837年），法國空想社會主義者。他反對違反兒童本性、需求和興趣的資本主義教育制度，提倡在和諧制度下對兒童進行公共教育，使兒童在體力和智力方面得以全面發展，並主張人人要學習。主要著作有《關於四種運動和普遍命運的理論》等。

# 第四章

# 方法決定成敗

## ——教育是人生的助推器

# 未來的州長預言，
# 告訴人們什麼是德育教育

廣義的德育指所有有目的、有計畫地對社會成員在政治、思想與道
德等方面施加影響的活動。而狹義的德育專指學校德育。

在美國紐約，有一個聲名狼籍的大沙頭貧民窟，那裡環境骯髒，充滿暴
力，生存條件惡劣，聚集著來自世界各地的偷渡者和流浪者。在這種環境下長
大的孩子，從小受到不良影響，很難管教。羅傑‧羅爾斯就是這樣一個孩子，
他在大沙頭諾必塔小學讀書，翹課、打架，對他來說是家常便飯，而且他還不
時偷竊。

這天，羅傑‧羅爾斯又從窗口跳進教室，當他旁若無人地伸著一雙小手走
向講臺時，校長皮爾‧保羅先生正好走了進來，將他逮了個正著。

羅傑‧羅爾斯並不害怕，他習慣了接受批評，所以一臉無所謂的表情，等
候校長怒斥。然而出乎他的意料，皮爾‧保羅校長沒有怒聲責罵他，反而看著
他的雙手，誠懇地說了一句話：「一看你修長的小拇指，我就知道，將來你一
定會成為紐約州的州長。」

羅傑‧羅爾斯嚇呆了，從小到大，除了祖母曾經說過一句讓他振奮的話，
還從來沒有人鼓勵過他。祖母十分喜歡他，當其他人都在批評他，認為他一無
是處時，祖母說：「孩子，你不要洩氣，你以後會成為一名船長，你的船載重
量有五噸呢！」在祖母眼裡，五噸的船足夠大了。

現在，羅傑‧羅爾斯聽到校長說出這樣誠懇而激勵人心的話，他深深地被
打動了。這時，校長又語重心長地與他交流，給予引導和鼓勵。從此，羅傑‧

羅爾斯牢牢記住了校長的話，「紐約州長」就像一面旗幟，時刻在他的心中飄揚。羅傑‧羅爾斯變了，他的衣服上不再沾滿泥土，他的嘴裡不再冒出骯髒的語言，他的一舉一動不再拖遝散漫。他堅持以「州長」的標準要求自己，四十年從不間斷，沒有一刻放棄。

當羅傑‧羅爾斯五十一歲時，校長的話應驗了，他果然成為了紐約州的州長。

一句鼓勵的話語創造了人生奇蹟，這個故事即體現出德育的重要作用。德育是教育學中最主要的內容之一，從廣義上講，德育是指所有有目的、有計畫地對社會成員在政治、思想和道德方面施加影響的活動，既包括學校德育、家庭德育，還包括社區德育、社會德育等。從狹義上講，德育專指學校德育，是指教育者按照一定的社會或階級要求，有目的、有計畫、有系統地對受教育者施加思想、政治和道德等方面的影響，並透過受教育者積極的認識、體驗與踐行，以使其形成一定社會與階級所需要的品德的教育活動，即教育者有目的地培養受教育者品德的活動。

德育存在各個社會中，是最普遍的教育現象。隨著社會發展，現代德育出現幾種新模式：

主體性德育模式。這種模式認為學生是道德教育的主體，應該尊重學生的主體地位和人格，培養他們的自主性和能動性。

活動德育模式。此模式注重道德行為鍛鍊，認為個體的活動既是德育目的，也是德育方法。

「學會關心」模式。這種模式以情感為核心，引導學生從原始的、自發的「關心」他人的感情，提升到理性的、自覺的「關心」。比如現代流行的感恩教育，就是這種模式的具體形式。

秋窗讀書圖。

德育教育的內容十分廣泛，在實施過程中必須遵循一定要求，這就是德育原則。諸如中、小學德育原則如下：

1、理論與實踐相結合原則，認為道德認知與實踐同樣重要，不可偏廢，應該做到知行合一。

2、嚴格要求與尊重信任原則。對學生進行德育教育，一定要嚴格要求他們，達到既定目標；同時教師必須尊重和信任學生，在民主平等的基礎上關心他們的成長，尊重他們的人格，切不可隨意打擊和猜忌學生。

3、統一要求與個性發展結合的原則。德育是為了讓學生形成與社會發展方向一致的品德，因此教師必須保證所有學生的發展與此相適應。同時，教師也要尊重學生個性，針對個體差異，採取個性化的教育。

4、集體教育與個別教育並重原則。集體教育可以潛移默化地影響每個人，反過來個別教育又會加強和影響到集體。故事中校長對羅傑‧羅爾斯實施的就是個別教育。

5、學校教育與社會影響統一原則。學校教育在青少年成長過程中，起著舉足輕重的作用，但是也不能忽視社會各方面影響，應該互相結合，共同培養他們良好的品德。

在實踐中，德育思想經過千百年的發展變化，形成了很多獨具特色的教育方法。諸如說服、榜樣、鍛鍊、修養、陶冶、鼓勵與批評等。

說服是常見的方法之一，透過眼見的事實、講道理，使學生提高認知，形成正確的觀念。說服教育又有很多分類，比如講解、談話、討論等。運用說服法，必須目標明確，把握時機，談話內容最好富有趣味和知識性。

以他人的高尚情操、模範行為、卓越成就，影響學生的品德發展，就是榜樣法。比如示範、典範等，我們常說「榜樣的力量是無窮的」，選擇合適的學習榜樣，可以激起他們的敬慕之心，進而自覺地調節行為，提高修養。

德育離不開實踐活動，有目的地讓學生們透過實際活動培養良好品德的方法，就是鍛鍊法。比如團體活動、練習等，可以提高學生的忍耐力。進行鍛鍊教育，一定要嚴格要求，調動學生的自主性，定期檢查，並能堅持到

底。

在教師引導下，學生經過自我反思和自我行為調節，可以使品德不斷完善，這屬於修養法。比如立志、慎獨、自我批評等。沒有道德修養，個人不可能進步，指導修養時，教師要注意培養學生的興趣和自覺性，引導他們積極參與社會實踐。

教師還可以經由創設一定的環境，潛移默化培養學生的品德，這屬於陶冶法，比如藝術陶冶、人格感化等。

另外，鼓勵與批評也是最常見的德育法。故事中校長採用的就是鼓勵法。

在實踐當中，每種德育法都是德育中不可缺少的，但也不是萬能的。為了更好地進行德育，往往採取互相配合使用的辦法，結合各種方法，形成一系列完整的德育法，並能有所創造。

## 小知識

維多里諾（西元1378年～西元1446年），義大利人文主義教育學家。他主張進行博雅教育，使學生得到和諧的發展。同時，採用新的教學方法，對兒童進行德智並重、個性與培養社會責任感相結合的教育。

# 打工仔感動外商，
# 源於母親的勞動教育

勞動教育是德育的內容之一，指的是教育者透過一定方法，使受教育者樹立正確的勞動觀和勞動態度，進而熱愛勞動和勞動人民，養成勞動習慣的教育。

有一位生活在鄉下的年輕人，追隨著進城打工的潮流也來到陌生的城市中，在一家公司做了名工讀生。年輕人工作勤奮，吃苦耐勞，很快得到了公司老闆賞識。一年後，公司業務增多，新開設了一個小公司，老闆有意培養年輕人，就提拔他做了小公司的經理。

年輕人憑藉著能幹的精神，將小公司管理得井井有條，業績非常突出。由於業績出色，公司雖小，也漸漸有了名聲。有位外商聽說後，慕名前來找到年輕人，打算與他洽談一個合作專案。

年輕人熱情地接待外商，與他進行了誠懇的談判，並且邀請他共進晚餐。晚餐並不奢華，反而顯得有些簡單，兩人將菜吃得乾乾淨淨，只剩下一張小餅。這時，年輕人招呼服務人員說：「把這張餅打包，我要帶走。」

也許服務員從沒有見過這樣小氣的顧客，略微愣了一下，還是走過去按照規定為他打包。

外商目不轉睛地盯著這一幕，當即站起來表示：「先生，我們明天就簽訂合約。」

第二天，合約果真如期簽訂。老闆親自出面宴請外商，席間，外商忍不住

以教人者教己

趙堂芳生屬

在勞力上勞心

陶知行

陶知行手跡。

問年輕人：「先生，請問您受過什麼教育？」

年輕人回答：「我家裡很窮，父母都不識字，談到教育，他們對我的要求是從一粒米、一根線開始的。在我父親去世後，母親含辛茹苦地撫養我，供我讀書。她對我說，不指望我高人一等，只希望我能做好自己的事……」

年輕人的話音未落，老闆的眼中已浸滿了淚水，他端起酒杯，激動地對年輕人說：「來，我提議我們敬她老人家一杯，因為你受到了最好的人生教育！」

不識字父母對兒子進行的教育，體現出勞動人們的樸實本色，也體現出勞動教育的意義。

勞動是人類最基本的活動，是人類社會賴以生存發展的基礎。從遠古時代直到資訊時代，人類的每一步發展都是勞動的結果。參與勞動、熱愛勞動，可以鍛鍊學生們的實踐能力，提高他們的道德修養。

中國著名教育家陶行知先生，在二十世紀二〇年代時就非常重視勞動教育，為了培養學生的勞動習慣，他提倡把勞動教育做為學校必修課，提出「教學做合一」的教育理論。他說：「唯獨貫徹在勞力上勞心的教育，才能夠造就在勞力上勞心的人類，才能征服自然勢力，創造大同社會。」

為了推行勞動教育，陶行知還提出實施勞動教育的一些原則：

第一，實踐性原則。勞動教育應該以動手操作為主，教師們要結合學生從事勞動的內容，進行知識和技能傳授。這樣才能實現教、學、做合一。

第二，遷移性原則。勞動教育是德、智、體、美、勞互相滲透的過程，在這個過程中，知識、情感、行為會和諧發展，所以勞動教育的過程需要學生的勞動意識轉為勞動態度，把勞動技能轉化為勞動習慣，進而形成穩定的心理素質和勞動觀念。

第三，量力性原則。勞動教育應該根據學生的年齡、性別、文化層次，選擇適合學生的、沒有危險的勞動內容。教師應該保證必要的勞動時間，同時嚴格控制勞動強度和時間，不要因為勞動強度過大，危害學生健康狀況。另外，學校在勞動教育時，要考慮本校的具體情況和條件，因地制宜。

第四，綜合性原則。勞動教育需要學校、社會和家庭各方面的共同努力，才能確保教育效果。另外，勞動教育不可偏廢，應該將思想教育、知識學習和技能訓練進行有機結合，提高學生綜合素質。

第五，鞏固性原則。勞動教育需要劃分層次，不同階段制訂不同目標，然後循序漸進，在鞏固的基礎上不斷提高。可見勞動教育不是「率性」而為的事情，不能「一陣風」，今天做了明天忘了，應該持之以恆，直到養成勞動習慣。

第六，時代性原則。隨著時代發展，勞動教育的內涵也在不斷變化和豐富，所以實施勞動教育，必須適應時代需求，即時進行調整。

總結勞動教育，其內容十分廣泛，大體有以下三方面：

1、樹立正確的勞動觀，進而瞭解勞動的偉大意義。人類歷史進程，首

先是生產發展的歷史，是勞動人們創造的歷史。辛勤的勞動是人類生存和發展的基礎和保障，勞動是每個公民的神聖義務和權利。

2、培養熱愛勞動和勞動人民的情感。透過勞動教育，可以讓學生養成勞動的習慣，認識到以勞動為榮、以懶惰為恥的素質，進而自覺地抵制不勞而獲的思想，不做貪圖享受、好逸惡勞的人，避免奢侈浪費等惡習。

3、幫助學生正確地對待學習。學生階段學習是主要任務和主要的勞動，透過勞動教育，可以使學生更好地理解學習的意義，正確地對待升學、就業等問題。

## 小知識

胡適（西元1891年～西元1962年2月24日），字適之，著名學者、教育家、中國自由主義的先驅，以宣導「五四」文學革命聞名於世。他一生著述豐富，在文學、哲學、史學、考據學、教育學、倫理學等諸多領域，都有深入的研究。

# 失足青年的良師馬卡連柯，注重思想教育與勞動教育

思想教育，即思想政治教育，指的是社會或社會群體為了使其成員形成符合一定社會需求的思想品德，所採取的思想觀念、政治觀點、道德規範，經由有目的、有計畫、有組織地實施教育，幫助其成員的社會實踐活動。

每一個失足青年的心裡，都有一段隱痛與傷疤，在走出監獄的大門，面對嶄新的陽光的時候，心裡最難抹去的是往事帶來的自卑與陰影。

卡拉巴林就是這樣一個青年，在服刑期滿以後，是馬卡連柯帶著他走出了監獄的大門。在辦理出獄手續的時候，馬卡連柯安排卡拉巴林暫時在辦公室外面等候，過了一會兒，他辦完手續走出辦公室。

辦完了手續，他們開始向教育廳的方向走去，剛走出監獄大門的卡拉巴林心理壓力很大，總覺得別人會看輕自己、不信任自己。為了取得馬卡連柯對自己的信任，同時也為了表示自己已經改過自新，他盡量走在馬卡連柯的前面，讓他隨時都能夠看到自己，表示自己不會逃跑。

馬卡連柯看懂了他的心思，為了打消卡拉巴林的顧慮，他並沒有跟在卡拉巴林的後面，而是拉著他的手，像父子一樣有說有笑地並排走在一起。馬卡連柯的舉動深深感動了卡拉巴林，他覺得這世界上還有人願意跟自己手拉手地走在大街上，說明這個世界並沒有拋棄他，他與其他人一樣可以享受空氣和陽光。

馬卡連柯的一舉一動都有意識地顧及著失足青年的自尊，在他眼裡，失足

少年跟正常人一樣，只是不小心迷失了路，如果耐心的引導再加上悉心的關懷，他們完全可以走出陰影，跟常人一樣做出一番成就。

走出監獄的卡拉巴林在馬卡連柯的鼓勵下，已經重新恢復了生活的信心與勇氣，十年後，他已經是一位受人尊敬的人民教師。後來，當卡拉巴林問起在辦理出獄手續，為什麼會讓自己單獨等在外面的時候，馬卡連柯說，不想讓卡拉巴林看到自己出獄還要有擔保人簽名，所以就讓他迴避了，以免傷他的自尊。後來，卡拉巴林摒棄了當年那段彎路給他帶來的陰影，每當他在受到來自眾人的讚許和信任的目光的時候，他高興得簡直像飛出籠子的鳥兒，面對藍天他真想放開喉嚨高歌一曲，藉以抒發自己暢快的心情。

馬卡連柯是前蘇聯著名教育家，上面這段故事是他教育生涯的一個小片段，是真實發生的事情。馬卡連柯從事流浪兒與少年違法者的教育改造工作期間，提出了透過集體和生產勞動來教育兒童的方法，豐富了自己的教育學理論，幫助無數不良少年重回正途，為此被稱為失足青年的良師。

在馬卡連柯的教育學理論中，十分注重思想教育和勞動教育。他平等地對待每一位違法少年，尊重、信任他們，並用集體教育和思想教育，對學員提出服從紀律、熱愛勞動、建立和健全生活制度的要求。在先後十六年的特殊教育工作中，他付出了大量心血，也取得了巨大成功。

進行思想教育，首先要強調人格教育，重視公民的人格培養。這裡我們從人格培養的角度，談談思想教育需要注意的問題。

第一，進行思想教育，需要將外部灌輸與開發人的自覺性結合起來。只有外部灌輸，而不注重個體的思想觀念和人格要素，思想教育就只是一句空話。中國傳統教育中主張「修養」，建立自覺意識，這就是很好的例證。

第二，將思想教育日常化，也就是將思想教育與日常生活密切結合起

來，進而培養人的良好習慣。比如中國傳統教育中對兒童進行的「灑掃、應對、進退」等教育，就是透過日常勞動、言行舉止培養人的自覺性。再如西方社會強調培養兒童的獨立生活能力、培養兒童愛護環境等，也是從日常生活的點滴入手，培養他們的思想品德。

第三，思想教育必須採取誘導的方法，切忌強制式教育，以免產生叛逆效果。人格的形成是自然的過程，道德的養成也是如此，所以教育者應該以誘導的方式，引導被教育者循序漸進，逐步建立良性人格，而不是採取威脅、制裁等強硬的教育方式。

第四，採取啟發式教育方法。教育者要想辦法啟發受教育者的自我思索和探索熱情，使他們主動思索人生道理，產生「如醍醐灌頂」的感覺，醒悟很多道理。

第五，採取無形教育的方式，使受教育者在不知不覺中受到良好人格和思想品德的感染和薰陶，進而與教育者建立一致的道德觀念。我們平常說的「身教」，就是這個道理。

## 小知識

湯瑪斯・莫爾（西元1478年～西元1535年），英國空想社會主義者，首次提出空想社會主義的教育思想。他提出無論是男是女，都應該接受教育。重視勞動教育，運用直觀原則的教學，教學採用本族語言，教學內容主要有讀、寫、算、幾何等。此外，對成人教育、德育、體育等問題都有專門論述，是最早提出勞動教育的教育家之一。著作有《烏托邦》一書。

# 耶穌丟櫻桃，使彼得接受形式教育

形式教育，也叫形式訓練、心智訓練、形式陶冶，認為普通教育的主要目的是經由訓練感官能力，發展學生的各種官能或能力，並且以此為基礎排定課程，選擇教材。

一天，耶穌帶著他的門徒彼得遠行，行進途中，耶穌發現一塊破爛的馬蹄鐵，於是，他招呼彼得將馬蹄鐵撿起來。彼得瞄了一眼馬蹄鐵，心想：「那東西多髒啊！又沒有什麼用處，誰愛撿誰撿，反正我不撿。」他假裝沒聽到耶穌的吩咐，繼續往前趕著路。

耶穌見此，沒有說什麼，彎下腰親自將破爛的馬蹄鐵撿起來，一如既往地前行。不一會兒，他們路過一座城鎮，耶穌看見一位鐵匠師父，就將馬蹄鐵賣給他，換了十文錢。帶著十文錢走了一段路後，他們路過一個水果攤，攤子前

耶穌將天國的鑰匙授予彼得。

面擺放著晶瑩潤亮的櫻桃。耶穌用十文錢買了十八顆櫻桃，藏在袖子中。然後，他帶著彼得穿街過巷，來到城外。城外是茫茫荒野，四周除了小草外，就是零星的樹木。此時，太陽在天空熱情地綻放它的光芒，將大地烘烤得像一個大蒸爐，彼得非常難受，因為他感覺自己的喉嚨好像著了火，痛苦無比。可是荒野之中，四顧無人，哪有解渴的東西？

耶穌一直走在前面，他猜到了彼得目前的狀況，因此，他一邊走，一邊悄悄地將一顆櫻桃放在地上。口渴的彼得見到地上有人掉落的水果，也不管是誰掉的，撿起來就吃。耶穌邊走邊丟櫻桃，每次都只丟一顆，彼得只好不停地彎腰將櫻桃撿起來。耶穌將十八顆櫻桃丟光之後，轉身對彼得說：「如果剛才你彎一次腰，就不用現在沒完沒了地彎腰了。」

讓門徒透過自身的行動體會某些問題的深意，這裡耶穌的教育體現出形式教育的特色。形式教育起源於古希臘，在整個歐洲中世紀都很流行，到十七世紀時形成理論體系，十八、十九世紀達到鼎盛時期，主要代表人物是洛克和裴斯泰洛齊。

形式教育認為最有發展價值的學科，是形式學科，如希臘文、拉丁文、邏輯學等，還有古典人文課程。形式教育的教學原則和方法，以學生心理官能的內在發展秩序為依據。

形式教育的理論基礎來自於三個方面：

1、形式教育派認為，除了練習或訓練，沒有別的方法可以發展官能、發展人的其他能力。而且這些能力如果不去練習，會逐漸衰退變弱。所以教育的主要任務，就是發現可以有效訓練學生官能的心智練習。

2、形式教育認為，訓練官能遠比灌輸知識重要。學生接受教育的時間

有限，教師無法把所有知識都灌輸給他們。因此，教師如果訓練他們的官能，使其可以吸收任何知識，這樣的教育效果自然更好。同時還認為，知識不過是訓練的材料，所以不必重視課程和教材的實用性，而該重視它們的訓練作用。

3、形式教育論是一種遷移理論。既然官能是訓練自動產生的結果，當心靈官能發展起來時，也能轉移到其他學習上去。這樣，學生學習形式學科，對其他課程學習也有好處。比如學習希臘文、拉丁文的學生，會提高比較能力、分析綜合能力等。根據這一理論，編排課程和選擇教材，就要把官能訓練及其遷移的作用和價值，做為一個重要依據。

儘管形式教育有著如此豐富的理論基礎，而且盛極一時，然而隨著社會經濟和科技發展，其弊端也逐漸暴露。由於輕視自然科學知識的教學，十八世紀末到十九世紀初，形式教育已經不能滿足資本主義教育需求，於是，以自然科學和職業技術教學為主的實質教育論興起，並很快形成兩派對立的局面。

## 小知識

蒙田（西元1533年～西元1592年），文藝復興後期法國人文主義思想家。他認為教育的目的是培養貴族紳士，主張遵循自然、啟發學生的好奇心而進行教育；反對封建教育的教學制度和教條主義，重視德育、體育。其世界觀和教育思想，反映了新興資產階級的要求，主要著作有《隨筆集》（又譯《隨感錄》），他的教育思想主要反映在〈論兒童的教育〉、〈論父親對其子女的愛〉等論文中。

# 牛奶海洋中的玩樂，
# 提醒形式教育與實質教育之別

實質教育論認為教育的目的，就是向學生傳授與生活相關的各種知識，因此與人類世俗生活密切相關的實質學科如物理、化學、天文、地理、法律等，還有實質課程，都是最有價值的學科。

史蒂芬·葛雷在醫學界取得了輝煌的成功，當一個人有了成就後，就會引起許多的人的尊敬與仰慕，他們總想瞭解科學家成功背後的祕密，瞭解他的生長環境以及家庭氛圍。當有記者問及他為什麼比常人更有創造力，為什麼會取得這樣傲人的成就的時候，他回答說，自己所有的思想和領悟力都來自於母親對他的獨特教育方式。

一提起成長的經歷，史蒂芬·葛雷就會想起母親，而一想起母親，他就不由自主的想起許多童年的故事。記得有一次，他打開冰箱準備拿一瓶牛奶，可是牛奶放在冰箱的最上面，牛奶瓶子又很大，他的小手沒辦法抓牢，瓶子竟然被碰掉跌出冰箱而摔破，將牛奶灑了一地。

這時候母親聽到響聲，從臥室來到了廚房，她看到的景象是，牛奶灑在地上，像一片白色的汪洋，旁邊還有瓶子碎渣，而史蒂芬·葛雷正呆呆的站在那裡，嚇得不知所措。

母親想，既然已經這樣了，絕不能讓小小年紀的史蒂芬·葛雷再受驚嚇，所以她用一種輕鬆的口吻說道：「這孩子，把牛奶鋪在地上，難道要搞什麼化學實驗不成？」

「媽媽，我不是故意的。」

「那我們現在來想想辦法，怎麼把它給清理乾淨。」

清理牛奶的過程很簡單，母親找了一塊布和一塊海綿，和史蒂芬‧葛雷一起把地上的牛奶清除乾淨了。

母親把史蒂芬‧葛雷闖的禍變成了一場愉快的勞動，勞動結束以後，母親告訴他，瓶子之所以會抓不住，是因為瓶身太大，而史蒂芬‧葛雷的手又太小。接著，母親找了一個大瓶子，裡面盛滿水，讓他想辦法拿起來。史蒂芬‧葛雷仔細地看了看瓶子，用手抓住靠近瓶頸的地方，很容易就把盛滿水的瓶子拿了起來。

「這樣的故事很多，它們提示我生活中很多的知識都是受到錯誤的啟發而得來的，我最感謝的是母親在看到我犯錯以後，不是狠狠地責備我，而是耐心地幫助我改正和分析錯誤。」

母親理性而科學地教育，讓兒子獲得了有價值的知識和資訊，在這個教育過程中，分別運用到了形式教育和實質教育。實質教育相對於形式教育而言，也是一門有著古老歷史的教育理論，起源於古希臘和古羅馬，不過在中世紀一直受到壓制，直到十八世紀才有所抬頭。十九世紀時，實質教育非常興盛，與形式教育對立，成為當時兩大主流教育理論。

實質教育論的主要代表人物是赫爾巴和史賓塞，他們認為實質教育的教學原則和方法應該適應兒童身心發展規律，並強調愉快性和有效性。

實質教育論適應資本主義經濟和科技發展，是十九世紀大多數歐美國家設置學校課程和選擇教材的教育理論。

實質教育的理論基礎來自於聯想主義心理學，其主要的理論包括：

第一，實質教育認為，人在出生時，心靈一無所有，心靈的官能不是先

天存在的。只有依賴於觀念的結合，才有心靈，就是說心靈是經驗的產物。所以，教育的主要任務就是以觀念充實心靈，提示適當的觀念來建設心靈。

第二，實質教育認為，教育應該以實質為目的，而不是能力訓練。各種觀念是建設心靈的原料，觀念來自哪裡？首要是課程和教材，因為它們提示外界事物，產生觀念。所以教育應該重視課程和教材的具體內容及其實用價值，而不是它們的訓練作用，以便讓學生獲得豐富知識，促進能力發展。

第三，課程和教材之間的組合和排序，會直接影響心靈的建構，因此教育應當重視課程和教材的組織。

以上分析明顯地揭示出實質教育和形式教育的區別，不過兩者有一點相同，那就是它們在知識教學和能力發展兩方面各執一端，因而都具有片面性。所以，二十世紀到來後，這兩種理論不可避免地衰弱了。

## 小知識

勒內・笛卡兒（西元1596年～西元1650年），17世紀法國哲學家、教育家、科學家，西方近代哲學的奠基者之一，解析幾何的創始人。主要著作有《形而上學的沉思》和心理學著作《論心靈的感情》等。

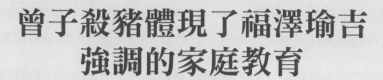

# 曾子殺豬體現了福澤瑜吉強調的家庭教育

家庭教育，是指在家庭生活中，由家長（其中首先是父母）對其子女實施的教育。現今，家庭教育既包括生活中家庭成員（包括父母和子女等）之間相互的影響和教育，也包括聘請專門從事家庭教育的教師對子女的教育。

曾子是孔子最得意的學生之一，生性穩重，待人謙和，是孔子學說的主要繼承人和傳播者，與孔子、孟子、顏回、子思比肩，共稱為五大聖人。

曾子一生注重言傳身教，從不欺矇哄騙。一次，他的妻子要上市集去買東西，三歲的兒子哭鬧著非要跟著去，妻子便哄他說：「你在家等著，娘回來給你殺豬燉肉吃。」

孩子信以為真，便不鬧了。

到了中午，曾子的妻子回來了，正要張羅著做飯，忽見曾子在樹下磨刀霍霍，她好生奇怪，便走上前去問道：「你要做什麼？」

「殺豬啊！」曾子頭也不抬。

「殺豬幹什麼，非年非節的？」妻子一頭霧水，不明白丈夫的所作所為。

「妳不是對孩子說，要殺豬燉肉給他吃嗎？」曾子回答。

「我那是哄他的。」曾子的妻子覺得丈夫實在可笑，趕緊阻攔他。

沒想到，曾子放下刀，抬起頭嚴肅地看著妻子說：「說到就要做到，父母

的一言一行對孩子都有影響。如果我們說了不算，欺騙孩子，會讓他失望，他長大以後會不尊重我們，並且自己也會變成一個坑矇哄騙、滿口謊言的人。」

妻子聽了這話，頓覺有些後悔，便不再言語。不一會兒，曾子磨好了刀，真的把豬殺了，吩咐妻子燉了一大鍋肉。就這樣，全家人熱熱鬧鬧地吃了一頓香噴噴的團圓飯。

曾子為履行承諾而為孩子殺豬的做法一直廣為流傳，為後人所稱道。

千百年來，曾子殺豬的故事都是家庭教育的典範案例，影響著一代又一代的父母。如今家庭教育已經越來越受重視，與學校教育、社會教育，共同構成教育學的主要內容。

元朝大畫家趙孟頫精心繪製的《三聖圖》，為畫史中一絕。畫中三人中為孔子，左為顏回，右為曾參，三人的衣紋是用半部《論語》組成的。

那麼，何謂家庭教育？很簡單，家庭教育就是在家庭生活中，由家長對其子女實施的教育。從古至今，無數教育家都十分注重家庭教育，日本教育家福澤瑜吉曾經說：「家庭是習慣的學校，父母是習慣的老師。」十九世紀，做為率先引進西學的東方教育家，他在大力改革日本教育的同時，多次強調家庭教育的意義，他說：「學校教育有許多無法觸及的角落，是要靠家庭教育這盞明燈去照亮的。」

家庭是孩子最早接受教育的場所，也是孩子最晚畢業的地方，從這一點來看，家庭教育是終生教育。在現今社會中，家庭教育既是學校教育的基

礎,也是學校教育的外延和補充,已經成為全世界各個國家面臨的重要課題。很多國家都把家庭教育納入國家整體規劃之中,因為他們意識到未來社會的競爭是人才的競爭,而人才來自於成功的教育,家庭教育又是一切教育的基礎。

　　良好的家庭教育可以促進孩子的全面發展。現代兒童教育專家研究認為,嬰幼兒時期是兒童良好的道德品格、行為習慣和非智力因素的積極特徵起步階段,父母擔負著育人的特殊職能,因此若要孩子全面發展,父母必須樹立全面發展的思想。

　　如何樹立全面發展的思想?或者說家庭教育的內容包括哪些呢?目前,大多數教育家認同聯合國教科文組織提出的二十一世紀青少年應該具備的「四個學會」,為家庭教育的主要內容。「四個學會」包括學會學習、學會生存、學會發展、學會與人相處。

在中國，結合國情特色，比較流行的家庭教育內容為「三道教育」，即為生之道，為人之道，為學之道。

「為生之道」是指以生命健康為核心，包括生理衛生、營養保健、安全防護、運動能力四方面。

「為人之道」是指以生命價值為核心，包括人格、心理衛生、道德禮儀、人際交往四方面。

「為學之道」是指以生命智慧為核心，包括學習、思維、科學素養、人文修養四方面。

## 小知識

福澤諭吉（西元1835年～西元1901年），日本明治時啟蒙思想家、教育學家。他主張經由教育建立文明獨立的國家，以喚起國民的覺悟。提倡尊重科學、實學，強調開發人的智力，此外他還重視家庭教育和社會教育。主要著作有《西洋教育》、《勸學篇》、《文明論之概略》、《文明教育論》等。

# 分蘋果的故事，體現心理健康教育

心理健康教育，是根據學生生理和心理發展特點，運用心理教育方法和手段，培養學生良好的心理素質，進而幫助學生身心素質全面發展的教育活動。

美國有一位著名的心理學家，他為了研究一項課題：「母親對人一生的影響」，特地在美國選出在各自行業領域中獲得了巨大成就的五十位成功人士，同時，又選出五十名有犯罪前科的人員。然後，這個心理學家分別寫信給他們，請他們談談童年時母親的行為對他們後來的影響，其中，有兩封回信談的是同一件事，信的內容是講述小時候母親分蘋果的故事。

來自某所監獄的一位犯人這樣寫道：「那天，媽媽不知道從哪裡弄來兩顆蘋果，問我和弟弟：『你們想要哪顆？』弟弟搶著回答說：『我要最大的那顆。』媽媽聽了，瞪了他一眼，訓斥道：『好孩子要學會把好的東西讓給別人，不能總想著自己。』我聽了這話，靈機一動，趁媽媽訓斥弟弟時，說道：『媽媽，我要最小的那顆，最大的就留給弟弟吧！』媽媽聽了非常高興，在我的臉上親了一下，並把最大、最紅的那顆蘋果獎勵給我。我用不正當的手段得到了我最想要的東西，從中嚐到了甜頭。從此，為了得到我想要的東西，我學會了說謊，甚至不擇手段，坑矇拐騙，無所不用，直到現在，我被送進監獄。」

來自一位成功人士的回信，他在信中這樣寫道：「當年，我媽媽買了一箱蘋果，我和兩個弟弟從裡面挑出一顆最大、最紅的蘋果。為了得到這顆蘋果，我和弟弟們爭奪不休，最後媽媽對我們說：『我把門前的草坪分成三塊，你們三人一人一塊，負責整理好，誰做得又快又好，誰就有權利得到蘋果！』我們

三兄弟很高興，立刻開始比賽除草，修建草坪。經過一番努力後，我獲勝了，贏了那個最大的蘋果。我非常感謝母親，她教了我一個最簡單也最重要的道理：如果想得到最好的，就必須努力證明自己有資格擁有它。」

不同的教育方法，使孩子產生不同的心理素質和人格修養，也就有了完全不同的人生。心理健康教育的意義之大，我們不得不重視。

心理健康教育是素質教育的一部分，在提高學生心理素質的同時，可以充分開發學生們的潛能，讓他們養成樂觀向上的心理，促進人格健全發展。

在具體的表現上，心理健康教育可以使學生不斷認識自我、調控自我，增強承受挫折和適應環境的能力。尤其是一些心理行為有問題的學生，給予正確的心理健康教育，可使他們盡快擺脫心理障礙，調節自我狀態，形成健康的心理素質。

實施心理健康教育，需要瞭解和掌握一定的原則。

1、教育性原則。教育者進行心理健康教育，必須根據具體情況，提出積極有益的分析，關注學生積極進取的精神，使他們樹立正確的人生觀和世界觀。

2、差異性原則。心理健康教育必須注重學生的個別差異，因人而異，根據不同情況和需要，採取多樣化、針對性強的教育方法。

3、主體性原則。心理健康教育的主體是學生，應該以學生為出發點，始終把學生放在主體地位，然後將教師的教育與學生的主動參與結合起來。

4、整體性原則。在進行心理教育時，教育者需要運用系統論的方法，將學生的心理和生理進行全面考察和系統分析，避免片面性地處理

問題。

5、發展性原則。學生的身心正處於快速發育期，因此心理教育要順應這個特點和規律，以發展為重點，促進學生獲得最大程度、最良好的發展。

6、保密性原則。由於心理行為的特殊性，受教育者很可能不願意暴露自己的某些心理問題。因此教師在對學生進行心理健康教育時，對學生的個人情況應該予以保密，不要傷害到學生的名譽和隱私權。

## 小知識

湯瑪斯‧赫胥黎（西元1825年～西元1895年），英國生物學家、教育學家。他一生主要從事生物科學的研究與教學，重視自然科學教育，強調直觀教學和實驗的重要性。對英國普及和改革初等學校教育有著促進的作用，是提倡科學教育的代表人物之一。主要著作有《進化論與倫理學》、《論自由教育》、《科學教育》、《技術教育》等。

# 斷臂自救的男孩實踐社會教育

社會教育有廣義和狹義之分。廣義的社會教育，指的是有意識地培養人、有益於人的身心發展的各種社會活動。狹義的社會教育，指的是在學習和家庭以外的社會文化機構或者其他社會團體、組織，對社會成員進行的教育。

約翰‧湯姆森從小就生活在北達科他州的一個農場裡，那個農場是父親的，因為經常看父親工作，上了高中以後，約翰‧湯姆森就已經能夠操作機器，經常在假期裡幫助父親工作了。

一九九二年一月十一日，當約翰‧湯姆森在農場裡工作時，不幸的事情發生了。因為天氣寒冷，地面結冰，他一不小心在機器邊滑倒了，他下意識地把手抵在機器上，卻沒想到被高速旋轉的齒輪絞住了袖子，兩個手掌全部被切斷，頓時血流如注。面對突如其來的災難，約翰‧湯姆森並沒有惶恐，為了止血，他冷靜地把斷了的胳膊伸進冷水裡。

過了一會兒，他忍著劇痛來到了屋子門口，用牙齒打開門栓，然後走到電話機旁，用嘴叼住一支筆，開始在電話機上一下一下地撥動。很快，電話那邊有人接聽了，原來是表哥，他告訴表哥自己現在的處境。事不宜遲，表哥放下電話立即為他聯繫了醫院。

很快地，醫院的救護車把約翰‧湯姆森接走了。經過會診，醫生發現約翰‧湯姆森的斷臂有再植的可能性，便為他做了再植手術。半個月以後，約翰‧湯姆森經過再植的手掌已經能夠微微活動了，說明手術很成功，又過了一個月，約翰‧湯姆森的傷已經痊癒，便重新回到了同學們中，跟大家一起開始

了新的學習生活。

對於湯姆森遇難後又重新回到學校，很多人都讚嘆說這簡直是一個奇蹟。在同學們的眼裡，湯姆森是一個非常聰明、意志堅強的人，之所以能夠大難不死，跟他平時的鍛鍊也有關係，身體棒自然抵抗力強。談起那次遭遇，大家對約翰·湯姆森欽佩有加，都說若不是他處理得當，恐怕現在已經是個殘疾人了。

但是對於湯姆森現在的安然無恙，一位學者有著另外的見解，他說湯姆森的成功自救來自於他超強的獨立精神和勇敢果斷的性格。斷臂自救，遇事不慌，約翰·湯姆森除了有很好的體質以外，他能夠冷靜地處理問題的能力，也是他生命得以再續精彩的主要原因之一。

神農氏採藥圖。

這確實是一個奇蹟。在這個男孩身上我們可以學習和探討的東西太多了，這裡我們要說的是他的自救與社會教育的關係。他利用假期幫助父親工作，正是在實踐社會活動，接受的是一種社會教育。

實際上，人類最早的教育就是經由社會來實現的。中國古代有巢氏教人們穴處巢居，燧人氏教人們鑽木取火，伏羲氏教人們漁獵，神農氏教人們稼穡。這些都是社會教育的內容。《周禮·官》中有「聚民讀法」的規定，對國民進行政治教育；春秋時期，舉行飲酒鄉射之禮，進行道德教育。這些現象說

明，社會教育源遠流長。那麼狹義的社會教育是何時出現的呢？

一般認為，狹義的社會教育產生在十六～十八世紀，法國教育家第姆認為法國社會教育在一五三三年前後開始；美國教育家諾維斯認為，本國社會教育在一六〇〇年以後出現；而英國教授皮尼斯則說，英國社會教育萌芽於一八六〇年左右。我們知道這些說法中的社會教育，都是指近代社會教育形態，然而我們應該明白，狹義的社會教育不只如此，伴隨著學校教育的出現，它一直沒有中斷過。因為在勞動生產過程中，廣大勞動人民及其子女，接受最多的依然是社會教育。

到了近代，隨著科技發展，知識總量激增，勞動就業結構變化，學校教育受到衝擊，要求現代學校教育必須與社會發展相結合。現代社會對青少年的要求是，擴大社會交往、充分發展興趣和個性，廣泛培養特殊才能。這種情況下，社會教育對青少年成長來說，意義越來越重要。

## 小知識

黃榮村，心理學家，曾任國立臺灣大學心理系教授、行政院國家科學委員會人文及社會科學發展處處長、行政院政務委員、教育部部長等職務，現任中國醫藥大學校長。

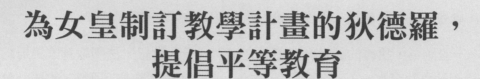

# 為女皇制訂教學計畫的狄德羅，提倡平等教育

教育平等論，是教育民主化的一個重要內容，指的是社會中每個成員，無論在政治、經濟、文化、民族、信仰、性別、地域等方面有什麼樣的差別，在法律上都享有同等的受教育權利、在事實上具有同等的受教育機會。

狄德羅曾經講過這樣一個小故事：有一次，他的一位朋友送給他一件漂亮的睡袍，這件睡袍鑲著精美的花邊，且質地柔軟，穿在身上既漂亮又華貴。可是穿著這件新睡袍躺在床上，狄德羅的心裡卻十分彆扭，因為四周破破爛爛的家具與這件睡袍對照之下顯得極為不協調，華貴的睡袍穿在身上好像是借來的。所以，他就萌發了一個念頭，不如換掉吧！於是，開始一件一件地更新家具……

狄德羅是法國著名哲學家、文學家、教育家，是一位百科全書式的人物，曾經主編法國第一部《百科全書》。他講述的這個故事非常有名，除了深富哲學思想外，他也在呼籲全體俄國人一起來重視教育，讓那些居住在茅屋裡的孩子們也有受教育的權利。在同等的教育水準下，人們應該有理由相信那些破舊的茅屋裡一樣會走出天才和科學家。他認為教育的作用不可忽視，能解放人的思想，開闊視野；能喚醒奴隸心底的尊嚴，讓他們懂得自己不是生來就隨意讓人使喚的。狄德羅同時還倡議所有的學校都應該向兒童免費開放，讓那些上不起學的孩子都能夠走進校園，成為一種強制性的普及教育。

狄德羅為何如此關注俄國教育呢？原來，狄德羅是受女皇葉卡捷琳娜二世

邀請，前往莫斯科為女皇擬定《俄羅斯政府大學計畫》的。這其中又有一段感人的故事。

狄德羅是位慈父，十分疼愛自己的女兒。女兒該出嫁了，他打算為女兒準備一份像樣的嫁妝。可是他的資金有限，一時間籌措不到足夠的錢。怎麼辦呢？狄德羅想來想去，覺得只有自己的藏書值錢，於是準備將它們賣掉。

狄德羅賣書的消息很快傳開，竟然傳到遙遠的俄國女皇葉卡捷琳娜二世的耳中。女皇早就聽說狄德羅的才華，對他非常敬重，聽說這件事後，想出一個絕妙的好辦法。她以高價買下這批藏書，然後委託狄德羅保管，真是兩全其美。

也許狄德羅感激女皇出手相助，後來他的藏書和書稿輾轉到達俄國，其中《拉摩的姪兒》的手稿經過俄國大臣抄寫，流傳到德國，得以保存下來。至於狄德羅本人，已經成為女皇的座上賓，全心全意為俄國教育出謀劃策。

狄德羅在俄國提倡的平等教育，促進了俄國教育進步和發展。從教育平等的定義可以看出，教育平等包含四個方面的內容：

第一，人是教育的目的。教育的最終目標是個體自由和諧地發展，所以，尊重每一個個體的基本人權和自由，才符合教育平等的原則。

葉卡捷琳娜二世因政績卓越，在俄國歷史上與彼得大帝齊名。

第二，教育權利平等原則。在一個社會中，不管個體在政治、經濟上存在多大差異，都能享有同等受教育的權利。

第三，教育機會均等原則。教育制度是為每個人設置的，保障每個人都有均等的入學機會，而且在教育過程中，每個人也有平等的對待和成功的機會。如今，教育機會均等不僅僅侷限於所有人都有入學的機會，還有追求教育結果均等此一深意。

第四，差別性對待原則。教育的效果因為受教育者的個體差異如天賦、機會不同而有別，因此不可能機械地實現機會均等。所以，在實現教育平等的過程中，必須給予每一個個體不同的教育待遇。

總之，教育的平等論，就是要求把教育看成是走向社會平等的一個途徑，透過一定的教育，使社會成員取得經濟或社會地位的平等。

## 小知識

約翰‧洛克（西元1632年～西元1704年），英國唯物主義哲學家、思想家、教育學家。他批判了天賦觀念論，論證了認知來自於感覺的經驗論原則，提出了著名的「白板論」。他認為人的心靈如同白板，觀念和知識都來自後天，並由此得出「天賦的智力人人平等」的結論。他的主要教育思想是紳士教育論，主張紳士的教育應把德行放在首位，要培養禮儀。學習的科目不必注重古典，要擴大實用學科。主要著作有《政府論》、《人類理解論》、《教育漫話》和《關於理解的指導》等。

# 不滿殖民者統治，
# 傅斯年不遺餘力推行臺灣教育改革

關於教育改革，國際著名教育理論家哈威洛克曾經這樣說：「教育改革就是教育現狀所發生的任何有意義的轉變。」

一八九四年，中日甲午戰爭爆發，清軍慘敗，按照《馬關條約》，清政府割讓臺灣以及澎湖列島為日本的殖民地。日本人在佔領了臺灣以後，便大力推行日語教育。

為了貫徹和實施奴化的教育方針，日本政府在臺灣設立了大量公立學校和教育所，旨在向臺灣兒童灌輸日語，並要求在所有的教科書裡，不准出現國語。除此之外，老師講課、公共場合的對話也一律用日語，並嚴格規定不會說日語的不得工作，已經工作的人不會日語也將被解聘。

日化教育把臺灣人壓制在教育的最底層，日本人妄圖永久地佔據臺灣，奴化臺灣人民。這種情況持續幾十年之久，直到一九四八年，隨著國民政府收復臺灣，情況終於出現轉機。

最早出現變化的是臺北帝國大學，它是當時臺灣唯一的大學。國民政府接管臺灣後，將帝大改為臺灣大學，並委派傅斯年先生做校長。傅斯年就任後，便向學生廣泛宣傳五四自由主義精神，提倡人文素養與學術自由。

為了徹底清掃日本殖民統治的流弊，傅斯年親自率領成立「大一國文教學」、「大一英文教學」兩個研究小組，要求學生研習三民主義、中國通史等科目，並將原帝大的各科講座合併為科系或者學校，建立學分制度。

　　為了提升教學品質，傅斯年提高了教職員待遇，並且實施嚴格考核制度，不能勝任者一律轉聘。在治理期間，傅斯年先生常常私訪校內各部門，嚴防貪污、收紅包等弊病，杜絕政客及不學無術之徒混跡校內。

　　某天晚上，傅斯年巡視臺大附屬醫院急診室，看到值班醫生怠忽職守，溜班缺崗，當即大怒，下了免職書。

　　傅斯年治學嚴謹，要求校長必須教師出身，以免淪為政客。此一主張成為臺灣各大學近五十年的辦學原則之一。

　　傅斯年先生用極短的時間，扭轉了臺灣奴化教育之現狀，為臺大建立起長遠的制度和校風，形成學術獨立精神與傳統，使自由學風堅持下去，為臺灣教育發展和進步做出不可磨滅的貢獻。

　　傅斯年在臺灣大學進行的教育活動，屬於教育改革的一部分。教育是系統工程，教育改革也不例外，應該包括各級各類教育。教育是「以人為本」，因此不同階段有不同要求，教育改革應該遵循各階段的自然規律。

　　從哈威洛克的教育改革定義出發，首先，我們認識到，不管理論和思想多麼先進，如果沒有引起教育實際現狀的變化，都不能稱之為「教育改革」。

　　其次，教育改革的變化必須是有意義的。何謂有意義？就是說，教育改革有著顯見的具體效應或結果，改革之前的狀態與之後的狀態，存在明顯不同。

　　第三，教育改革不一定就是進步或者改進，只是代表著教育現狀的變化和改變，所以說，教育改革是中性的概念，可能是正向的，也可能是負向的。比如說傅斯年先生推行的改革是正向的，是一種進步；而日本政府在臺灣的教育變革就是負向的，退步的。

## 小知識

傅斯年（西元1896年～西元1950年），中國歷史學家，學術領導人，五四運動學生領袖之一，中央研究院歷史語言研究所的創辦者。曾任北京大學代理校長，國立臺灣大學校長。他提出的「上窮碧落下黃泉，動手動腳找東西」的教育原則影響深遠。

# 鬆開的鞋帶是一種創新教育

以培養人們創新精神和創新能力為基本價值取向的教育，就是創新
教育。實施創新教育，需要使整個教育過程被賦予人類創新活動的
特徵，在此基礎上，達到培養創新人才的目的。

有一位著名的表演大師，經常帶領弟子們到世界各地巡演。有一年，他們
來到美國紐約，在那裡受到熱烈歡迎。大師非常高興，準備親自登臺表演自己
的拿手好戲。當大師走上臺階時，他的一名新入行不久的弟子忽然附耳過來，
悄悄告訴他：「師父，您的鞋帶鬆了。」大師稍稍一愣，然後點點頭，對弟子
表示感謝後，蹲下身子認真地繫好了鞋帶。

接著，這名弟子轉身去做其他準備工作，大師看到弟子走遠了，連忙蹲下
身子又把鞋帶鬆開了。這過程被一位細心的旁觀者看在眼裡，他不解地問：
「大師，您為什麼把繫好的鞋帶又鬆開了？」大師笑了笑，耐心地解釋說：
「我將要表演一位長途跋涉的旅者，他已經很勞累了，連鞋帶都鬆開了。鬆開
的鞋帶這一細節，可以表現出他的憔悴狀態。」

旁觀者還是很疑惑：「可是您為什麼不直接告訴您的弟子？」

大師回答道：「他發現我的鞋帶鬆了，這說明他很細心；他悄悄告訴我，
說明他很熱心。做為師父，我應該保護弟子這種熱情積極的精神，即時給予他
鼓勵和認可，所以我毫不猶豫地繫好了鞋帶。至於為什麼要解開鞋帶，我還有
很多機會教他表演，下一次再告訴他也不遲。」

旁觀者聽了，敬佩地說：「有您這樣的師父，真是難得。」

大師出人意料的教育方式，體現出創新特色。「創新」一詞曾出現在

《南史‧後妃傳》中，是創立或創造新東西的意思。如今提到「創新」二字，多用於經濟領域，一是指前所未有的，二是指引入到新的領域的。比如比爾‧蓋茲，幾乎沒有個人的創造發明，但他可以將別人的發明創造進行變化、組合、開發，這也是創新。

在教育學中，創新的理念涵蓋面也非常廣泛。就目前的教育現狀而言，創新的核心是在普及初等教育的基礎上，在全面實施素質教育過程中，培養中小學生的創新意識、創新精神和創新能力。透過創新教育，使學生做為獨立個體，善於發現和認識有意義的新知識、新思想、新事物和新方法，掌握其中的基本規律，具備相對能力，為未來創新型社會奠定基礎。

實施創新教育，需要使整個教育過程被賦予人類創新活動的特徵，在此基礎上，達到培養創新人才的目的。創新人才，包括創新精神和創新能力兩個方面。創新精神主要是指創新意識和品質；創新能力包括創新感知能力、思維能力和想像能力。創新精神是創新能力的內在因素，創新能力是創新精神的外在理性支持。

創新精神和能力不是天生的，在於後天的培養和教育。創新教育，需要受教育者發揮主體性、主動性，使教學過程成為受教育者不斷認知、追求探索的過程，而不是消極被動、被塑造的過程。

現代社會，創新教育越來越受重視，教師做為教育者，在實施創新教育時，應該具備哪些能力和知識結構呢？

首先，教師應該做到不斷學習、有目的學習。不斷學習是現代人的必然要求，教師身為知識傳授者，要想適應時勢需求，只有不斷學習，更新自己的知識結構，才能跟上時代步伐。

其次，教師應該有選擇的、獨立的學習。現代社會信息量暴增，選擇有

用的資訊，既能提高知識量，還能節約時間。同時，有選擇的獨立學習，也是自我修練的過程，為走上自主創新學習之路做準備。

再次，教師應該在學習中進行自我調控，達到身心和諧。堅持創新、做出成果的根本保障，不僅在於知識量多少，能力強弱，還在於人格因素。具備創新人格，富有責任感、使命感，能承受挫折和失敗，心態良好，性格堅韌，才是創新的根本保障。

## 小知識

顏之推（西元531年～西元595年），中國南北朝時期思想家、教育學家。他完全繼承了孔子的「唯上智與下愚不移」的先驗論觀點，強調中人教育。要求子弟學習內容以儒家經典為主，成為勤勉、博學、多能、務實、學以致用的人才。把家庭教育放在首位，提倡及早對兒童進行教育，甚至認為家庭教育應從胎教開始，並主張重視對兒童進行正確的語言教育。提出學習時要虛心，師友之間共同研究切磋，對士大夫進行「實學」教育，使其成為國家需要的人才。著作今存《顏氏家訓》二十篇，《還冤志》三卷。

# 擺小攤的總理母親，
# 強調兒子的素質教育

以提高受教育者諸多方面素質為目標的教育模式為素質教育。素質教育重視人的思想道德素質、能力培養、個性發展、身體健康和心理健康。

川立派曾經先後兩次當選泰國總理，在他領導下，民主黨聯盟才沒有分裂。川立派在泰國輿論界聲望很高，人們普遍認為他為政清廉，頭腦清晰，是難得的好總理。

在川立派就任總理期間，他八十六歲的老母親川梅女士並沒有母以子貴，而是繼續經營在曼谷一家超市內的小食品攤，販賣蝦仁豆腐、豆餅、麵餅之類的食品。很多人不理解，紛紛問她：「妳兒子做了總理，妳該好好享福了，為什麼還要在這裡擺攤做小生意，這不是給兒子丟人嗎？」

川梅女士搖搖頭，回答人們：「兒子當總理，那是兒子有出息，與我擺攤並沒有衝突啊！我喜歡我的工作，我不覺得工作是丟人的事，而且在這裡，我還可以見到很多老朋友。」

川梅女士親自製作各種豆製品，特別是豆腐，她最高興的就是看著兒子下班後，狼吞虎嚥地吃她親手做的豆腐。

這樣的事情自然是媒體喜歡追蹤的，媒體在多次採訪川梅女士，並且追蹤報導後，不得不稱讚道：「一位來自平民階層的平凡母親，教育出一名誠實正直而又受人尊敬的總理。」

　　川梅女士聽了這樣的話，謙遜地對記者說：「不要這麼說，我其實沒做什麼。說起教育兒子，我不過是在他小時候就告訴他做人要誠實、勤勞和謙虛罷了。我從來沒有打罵過他，」說到這裡，川梅女士忽然想起什麼似的，滿臉幸福，繼續說，「我不記得他做過什麼事讓我失望。」

　　看來，在母親眼裡，川立派始終是優秀的，這也許是他成功的基本能量來源。

　　總理老母親看似平淡的話，道出素質教育的真諦。素質教育，是近幾年頗為流行的辭彙，針對長久以來存在的應試教育，更為引人注目。那麼究竟什麼是素質教育？

　　關於素質教育的定義，說法很多，不過大體意思如下：以提高受教育者諸多方面素質為目標的教育模式為素質教育。分析此定義，我們發現其涵蓋的內容包括幾方面：

　　1、素質教育以提高全體受教育者的基本素質為目的。

　　2、素質教育應該適應社會發展和人的發展需要。

　　3、素質教育在某種意義上，強調潛能開發。

　　4、素質教育注重個性全面發展，重視心理素質培養。

　　素質教育中的「素質」是廣義的，是指人在先天生理基礎上，經過後天環境影響和教育訓練，獲得的內在的、相對穩定的、可以長期發揮作用的身心特徵和基本素質，也叫素養。主要包括道德素質、智力素質、審美素質、身體素質等。

　　素質教育具有全面性、全體性、發展性、基礎性、未來性幾大基本特點。

238

全體性，是指素質教育面向社會所有成員，所有人都具有接受教育的平等權利和義務。

基礎性，指教育提供的基本素質，而不是特殊才能或者職業素質。

發展性，是指教育應該著眼於培養學生自我學習、自我教育、自我發展的能力，而不是傳授知識。素質教育強調學生「學會如何學習、學會生存。」

全面性，是指教育應該促進學生個體的最優發展，即個性的全面發展。

未來性，指教育要立足於未來社會的需要，而不是眼前的升學率和就業需求。

由於教育具有較強的惰性和保守性，總在強調年輕一代學會老一代的思想和生活，所以我們在批評現代教育時，往往批評它根據「昨日」需要設計的體系。素質教育就是要改變教育的這一問題，使年輕一代適應未來發展需要。

## 小知識

周敦頤（西元1017年～西元1073年），北宋哲學家、教育學家。他的教育主張以「學為聖人」為宗旨，認為教育的目的正是要使人們改惡歸善，求得「仁義中正」。他尤其強調德育在教育中的首要地位，認為「君子進德修業」是學習的根本，知識是為德育服務的工具。在教育和學習方法上，他主張要靠自己的學習和思索，也要有教師和朋友的指導作用。著作有《通書》、《太極圖說》等。

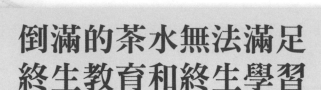

# 倒滿的茶水無法滿足
# 終生教育和終生學習

終生教育是人們在一生各階段中所受各種教育的總和,是人們所受不同類型教育的統一綜合。

日本明治時代,有位南隱禪師,因為名聲顯赫,人們紛紛前來向他學禪問道,希望能夠有所收穫。

有一次,一位博學多才的年輕教授慕名來到南隱禪師門下,想跟他問禪。

南隱禪師與年輕教授見面後,沒有說一句話,就明白對方的問題所在,於是命童兒清洗茶具,準備以茶相待。

年輕教授心下喜悅,高高興興地坐到南隱禪師面前,靜靜等候。

不一會兒,茶具擺放整齊,南隱禪師親自端起茶壺,開始往教授的杯子裡倒茶。他極其認真地倒著茶水,然而似乎心不在焉,直到茶水滿了,依然沒有停下來,任憑茶水四溢,流了一桌子。年輕教授看在眼裡,終於忍不住了,開口叫道:「滿了,已經滿了,請不要再倒了!」

在制止聲中,南隱禪師停下倒茶,然後面帶微笑看著年輕教授,意味深長地說:「是啊!杯子滿了,水就倒不進去了。而你呢?就像這個杯子,腦子裡塞滿了太多的學識、觀點和看法。如果你不肯把自己的杯子倒空,把頭腦騰出空來,把充塞其中的成見清除,我又怎麼對你說禪,來增加你的智慧呢?」

有句古語:「活到老學到老」,即是激勵人們終生不忘學習,以學習充實自己的人生。那麼要如何做到這一點呢?故事中的南隱禪師給出了答案:

「倒茶水」——不斷地清空大腦，然後接受新知識、新理論。這些道理的意義，就是終生教育。

關於終生教育，開始於人的生命之初，直到人的生命之末，既包括學校教育、社會教育，也包括正規教育和非正規教育。具有終生性、全面性、廣泛性、靈活性和實用性的特色。如今，終生教育思想已經是許多國家教育改革的指導方針。

保羅‧朗格朗曾說：「終生教育所意味的，並不是指一個具體的實體，而是泛指某種思想或原則，或者說是指某種一系列的關心與研究方法。概括而言，亦即指人的一生的教育與個人及社會生活全體的教育的總和。」

現代終生教育起源於二十世紀六〇年代，在聯合國教科文組織的提倡推廣下，得以廣泛傳播至全球。

那麼，終生教育到底有哪些重要意義呢？

第一，終生教育主張教育應該貫穿於人的一生，進而使教育得到全新詮釋，改變了過去將人的一生劃分為學習期和工作期兩個階段的觀念。

第二，終生教育改變了過去將學校視為唯一教育機構的陳舊思想，使教育超越了學校教育的侷限，促進教育社會化和學習型社會的建立，擴展了人類社會生活的整個空間。

第三，終生教育引發了教育內容和師生關係的革新。終生教育的提出，讓人們看到教育不再是單純的知識傳遞，還應包括人的全面發展，尤其是思想精神方面。這樣學習者學習的不僅是文化知識，更在於培養個人的主動適應性。這樣一來，傳統的師生關係會隨之改變，成為一種新型的、民主、開放式的關係。

第四，終生教育是多元化的，可以為學習者提供自我發展、自我完善的學習之路。

## 小知識

陸九淵（西元1139年～西元1193年），南宋思想家、教育學家。他提出「明理、立心、做人」的教育目的，還提出「切己自反，改過遷善」的道德教育的基本觀點。以道德教育和修養為唯一的教育內容，主張教學中要依照自立自得、注重心教、悠游讀書、致疑切思的原則。著有《象山全集》。

# 二十美元買來一小時的孩子，渴望情感教育的和諧發展

情感教育與「唯理智教育」相比，主要關注的是教育過程中學生的態度、情緒、情感以及信念，進而促進學生的個體和整個社會的健康發展。簡單地說，情感教育就是使學生身心感到愉快的教育。

張先生是一位行銷經理，每月都有很沉重的銷售任務。由於行業競爭激烈，他就像一臺永不停歇的發動機，又像上緊發條的時鐘，奔走於世界各地，有時候走路都像小跑步一般，從沒有時間坐下來安靜地吃頓飯。

長期忙碌工作，張先生很少在家，即便回家，也是深夜家人都熟睡之後。有一天，張先生又是很晚回到家中，讓他大吃一驚的是，五歲的兒子正靠在門旁，東張西望地像是等什麼人。

他快走幾步問：「兒子，怎麼還不睡覺？」

兒子看到父親，異樣地激動，撲過來說：「爸爸，我在等你啊！」

「等我？」張先生納悶地問，「有什麼事嗎？」

兒子想了想說：「爸爸，我能問你一個問題嗎？」

「可以呀！」

「你一個小時可以賺多少錢？」兒子天真地問。

張先生沒想到兒子會關心這樣的事情，但還是認真回答：「要是你一定想知道的話，我告訴你，我每小時可以賺二十美元。」

出乎張先生意料的是，他的話音剛落，兒子就說了一句：「那你可以借給我十美元嗎？」「這……」張先生有些不悅，他想，兒子等我原來是為了要錢，小小年紀就學會了胡亂花錢，這還得了！所以他沒有同意兒子的要求，而是把他教訓一通。可是過了一會兒，張先生逐漸平靜下來，對剛才的做法有些後悔，畢竟孩子還小，也許他真的需要買什麼東西。再說，他平時很少開口要錢的，自己沒有搞清事情真相就責備他，是不是太過分了？想到這裡，他主動走進兒子的房間，遞過去十美元。

兒子高興地接過錢，一邊說著「謝謝爸爸」，一邊迫不及待地掀開枕頭，從底下拿出一疊被弄皺的鈔票，細心地數著。張先生看著兒子的舉動，好奇地問：「兒子，你已經有錢了，為什麼還要向爸爸要？你到底想買什麼？」

這時，兒子舉著手裡所有的錢，興高采烈地說：「我存的錢不夠，現在好了，終於夠了。爸爸，我現在有二十美元了，可以向你買一個小時的時間了。明天請你早點回家好嗎？我想和你一起吃晚飯。」

這則故事讀來令人頗感辛酸，孩子由於缺乏父愛，不得不花錢購買，這個細節告訴我們，情感在人生成長過程中的重要意義。現代社會，隨著教育的深化和發展，情感在教育中的作用也越來越明顯。

情感教育是相對於「唯理智教育」而言。唯理智教育的具體表現是沒有把情感發展列入教育目標之中，強調知識獲得和智力訓練；在教育過程中，扭曲、阻礙學生的情感發展；師生之間缺乏正常的情感交流；為了追求訓練目的，不把學生視為一個有感情的人，進而對學生的人格尊嚴造成侮辱。

前蘇聯教學論專家斯卡特金是著名的情感教學思想提倡者，他認為情感是學生認知能力發展的動力，因此提出了「教學的積極情感背景原則」，認為教育必須創造和諧的教學氣氛。

那麼，情感教育到底是什麼呢？簡單地說，情感教育就是使學生身心感到愉快的教育。它具有興趣性、成功性、審美性、創造性的特點。

進行情感教育有很多價值，具體表現如下：

1、可以促進學生認知的發展。

2、促進建立良好人際關係。

3、促進學生開發潛能，並提高學生審美能力。

4、可以完善學生品德，有利於學生社會化發展。

當代世界各地情感教育的發展狀況如何呢？在英國，著名教育家尼爾於一九二四年創辦的夏山學校，是快樂教育的典範之作。以尊重生命、尊重個體為指導思想，教育的目的是適應兒童，使兒童學會如何生活。六〇年代，英國學校興起一種以培養道德情感為主的體諒教育，基本思想是多關心、少評價。在美國，情感教育的發展，以職業指導與諮詢為主，特點是利用專家的力量為那些有特殊需求的學生服務。

## 小知識

柳宗元（西元773年～西元819年），唐朝中期思想家、文學家和教育學家。他一生重視教育，認為君子不是天生的，強調後天學習，提倡博覽群書、博採眾長。認為君子應以學習儒家經典為主，學到利人濟世的實用知識。其教育思想主要體現在《河東先生集》。

# 贈人以玫瑰的蘇霍姆林斯基，
# 注重個性全面和諧發展教育

學校教育的目的就是培養全面和諧發展的人，社會進步的積極參與者。個性全面和諧發展的基礎是，必須將人視為不可分割的整體，完整的個性是一切教育的最終目的。

蘇珊在鄉里上小學，校園的左側有一個花房，花匠種了很多漂亮的鮮花，有紫荊、吊蘭、連翹、杜鵑、玫瑰等。每到春天，鮮花五顏六色，生機盎然，引來蝴蝶、蜜蜂滿院子飛。

這一天，蘇珊跟往常一樣背起書包去上學，走到花房附近，發現大家都在花房裡圍著看，她跑過去才知道原來大家是在看一朵剛剛盛開的玫瑰花。這朵玫瑰花比一般的花大很多，花瓣飽滿，嬌豔欲滴。大家嘖嘖稱奇，回到教室以後，仍興致勃勃地談論著那朵漂亮的玫瑰花，都說長這麼大從來沒見過。

放學後，蘇珊回到家就直接跑進奶奶屋裡，奶奶得了重病，已經好幾天沒下床了，每天只吃一點飯，被病痛折磨得面容憔悴。蘇珊好幾天沒有看到奶奶的笑容了，她每天回到家都會先來看看奶奶，跟她說說話。今天她告訴奶奶，學校的花房開了一朵玫瑰花，蘇珊一邊說著一邊用手比劃著，說這朵玫瑰花像一個生日蛋糕一樣大，奶奶說：「傻孩子，哪有那麼大的玫瑰花，妳是想哄我開心吧！」

「沒有，我說的是真的，不信我明天就摘來給妳看。」

第二天，蘇珊又來到那朵玫瑰花前，她想奶奶看到這朵花一定會很高興的，就伸手把花摘下來，小心地捧在手心。

這時候校長過來了，他輕聲地問蘇珊：「妳為什麼要把它摘下來呢？」

「奶奶病了，我告訴她學校裡有一朵很大的玫瑰花，她說不信，我摘下來讓她看看，看完再送回來。」蘇珊睜著一雙稚嫩的眼睛看著校長。

蘇霍姆林斯基與學生在一起。

校長是前蘇聯著名的大教育家蘇霍姆林斯基，對於摘花的孩子，蘇霍姆林斯基並沒有責罵，相反，聽了蘇珊的回答，他心裡感到一絲震撼。小女孩的善良和天真觸動了他，使他想起了自己在上學的時候跟著老師去郊外，那裡有忙著釀蜜的蜜蜂，有忙著搬家的螞蟻，還有散發著淡淡芳香的野花……

想到這裡，這位偉大的教育家蹲下身子，牽著蘇珊的小手來到花房裡，又摘了兩朵玫瑰花，對蘇珊說：「這兩朵玫瑰花送給妳，一朵是獎賞妳的，妳是個懂事的孩子。另一朵是送給妳媽媽的，感謝她培養了一個妳這樣的好孩子。」

蘇霍姆林斯基是偉大的教育實踐家和理論家，他既當校長，又做教師；既做科學研究，又做具體工作，被譽為「教育思想泰斗」，他用畢生的經歷告訴人們，真正的教育家是教育理論家與實踐家的完美結合。

蘇霍姆林斯基透過實踐工作，提出了很多著名的教育理論，其中「個性全面和諧發展」的教育思想影響深遠，意義重大。該思想認為，個性發展和全面和諧發展是一個相互關聯的統一體，沒有個性發展，就不能實現全面和諧發展。

如何實現人的全面發展？必須將人視為不可分割的整體，完整的個性是一切教育的最終目的。

首先，教育者應該善於發現並愛護個人的自信心和自尊感，在每一個學生面前，不管這個學生的智力如何、背景如何，教師都要打開他的精神發展的領域，使他可以在這一領域達到頂點，這就是教學的技巧，使學生顯示自我，從自尊感中汲取力量，成為一個精神豐富的人。

其次，要實現個性全面和諧發展，必須深入改善教育過程，不要以分數取人，不要用一把尺衡量學生。教育應該把學生的特長、情感和知識學習結合起來，使每個學生的「閃光點」都能散發光彩。

再次，德育在個性全面發展的教育中佔著主導地位。蘇霍姆林斯基反對孤立教育，主張將德育、智育、體育、美育、勞動教育結合起來，從多個層次培養道德高尚的人。

## 小知識

卡爾·希歐多爾·雅斯貝爾斯（西元1883年～西元1969年），德國存在主義哲學家、心理學家和教育家。他反對採用強迫的方法使學生學習，主張人文教育與自然科學的教育相結合。主要著作有《大學的觀念》和《什麼是教育》等。

# 第一夫人積極投身於教育，體現了集體主義教育原則

集體主義教育原則是指，培養孩子先人後己或先公後私，一切以群眾利益為根本出發點，個人利益服從集體利益，關心、愛護集體中每個成員的思想，這是德育的核心內容之一。

克魯普斯卡婭是前蘇聯領袖列寧的夫人，她出生於彼得堡一個沒落的貴族家庭。由於父親過早去世，克魯普斯卡婭一直與母親相依為命。母親曾經是一位教師，受其影響，克魯普斯卡婭也深深的喜歡上了教師這個崇高的職業。

一八九一年，克魯普斯卡婭終於如願以償在彼得堡郊區的工人夜校當了一名教師，在教課期間，她熱情地向工人們宣傳革命道理，講解馬克思、恩格斯的著作。這時，列寧也來到了彼得堡，相同的志願和理想使他們很快成了親密的夥伴和戰友，同時加入了列寧創建的「工人階級解放鬥爭協會」。一八九六年，他們的行為遭到了與人民為敵的尼古拉二世的強烈不滿，兩人雙雙入獄，並同時被關押到西伯利亞米奴新斯克州的壽山村，至此，共同的命運把兩人緊緊地聯繫在一起。

一九一七年，十月革命勝利，克魯普斯卡婭先後在教育部擔任副委員、委員等職務。後來成立了國家學術委員會，她擔任主席，參與編寫教學計畫、教學大綱、教科書的制訂、編寫等工作，全身投入到教育事業中。

一九二二年，世界上第一個少先隊組織誕生，這是一個由工人階級政黨領導的組織。當時全蘇聯人民正面臨種種困難，在飢寒交迫的環境裡，沒有人有餘力給這個剛剛誕生的組織設立一個標誌。但是克魯普斯卡婭卻十分關心少年

的成長，她一直想著為少先隊設計一個標誌，並向共青團提出這個建議。

不久，實現克魯普斯卡婭願望的機會來了。在一次接納新隊員大會上，一位女工看到加入少先隊的孩子們胸前沒有任何標誌，便解下了自己頭上的三角紅頭巾，戴在一個新隊員的脖子上，鮮紅的頭巾像一面旗幟頓時映紅了孩子的臉龐。其他女工見此，也把自己的紅頭巾解下來，紛紛繫到孩子們胸前，並勉勵他們說：「戴著它，不要玷污它，它和革命旗幟的顏色是一樣的。」克魯普斯卡婭聽說這件事後，深受感動，就決定讓紅領巾做為少先隊員的標誌。

克魯普斯卡婭身為第一夫人，始終關心青少年教育工作，這是值得肯定的。在克魯普斯卡婭的教育思想中，集體主義教育的意義非同一般，她認為培養集體主義者是教育的基礎，是學習最重要的任務之一。她說：「兒童的個性只有在集體當中才能得到最充分、最全面的發展。學校應該充分發揮團隊組織的作用，共同安排好兒童的集體生活，使他們在集體活動中逐漸意識到自己是集體的一部分，理解個人對集體的責任。」

下面我們來認識一下集體主義教育，看看它是否真的如此優越。

首先，什麼是集體主義？集體主義是無產階級世界觀的內容之一，指的是一切言行以合乎無產階級及廣大人民群眾集體利益為出發點，強調個人利益服從集體利益。集體主義是無產階級革命的產物，是前蘇聯重要的精神力量。所以，集體主義教育也是前蘇聯的教育成果，是教育家馬卡連柯在教育流浪兒和犯過錯誤的青少年的實踐活動中提出的。

集體主義教育曾經使馬卡連柯取得了輝煌成就，也確定了集體主義教育的原則：對學生極大尊重與嚴格要求相統一；前景教育原則；平行影響原則。

集體主義教育指出，教育的任務是培養集體主義者，只有在集體的環境

中，透過集體的力量，才能完成這一任務。因此不能把學生視為受訓練的材料，而要把他們視為社會的成員、社會的參與者和財富創造者，對他們既要尊重，又要提出嚴格要求，兩者達到統一。在進行集體主義教育時，應該不斷向集體展示一個又一個前景，提出新的任務，然後引導集體為了實現新任務而不斷努力，進而使集體在追求美好前景中不停地前進。

進行集體主義教育，教育者對集體和集體中的每個成員都是同時的、平行的。集體是教育工作的首要對象。

集體主義教育認為，勞動是教育的根本因素之一，是集體生活的重要組成部分，勞動與教育並行。

集體主義教育可以培養孩子先人後己，個人服從集體，關心愛護集體的思想，不失為德育的重要方法和內容。然而集體主義教育如果過分地強調犧牲自我，放棄個性，自然會扭曲人性發展，無法達到和諧全面發展。所以，集體主義教育的核心應該是「協調合作」，在充分發揮個性優勢的基礎上，實現集體的整體進步。

## 小知識

娜傑日達・康斯坦丁諾夫娜・克魯普斯卡婭（西元1869年～西元1939年），前蘇聯著名教育學家，列寧的夫人。她十分重視幼兒的學前教育，對蘇聯的學前教育事業和學前教育的理論發展都做出了重大貢獻。主張建立實施綜合技術教育的學校和充滿社會主義精神的學校。主要著作有《國民教育與民主主義》、《蘇聯婦女》、《列寧回憶錄》等。

# 少年學武藝，
# 實踐了赫胥黎的自然實驗教育

赫胥黎認為科學教育不應只讀書本，還要重視實踐知識，注重實際訓練，採取直觀教學法。在英國他首創生物實驗室，把生物學知識與實驗活動結合起來。

從前有一位少年，非常崇拜那些武藝高強的劍客，每當看到他們出手猶如風馳電掣，力掃千鈞的時候，再想像圍觀人群的嘖嘖稱讚，他就覺得那一刻煞是風光。於是他暗下決心，也要練成一身的好劍法。

後來，他聽說千里之外有座仙山，山上有一位世外高人，會一手獨門劍術，這個少年便跋山涉水不辭勞苦來到了此地，想向高人求教劍術。可是這位少年急功近利，只想早日學成，以便向鄉鄰炫耀，便急切地問這個世外高人說：「我什麼時候能學成下山啊？」

高人說：「十年吧！」

「如果我日以繼夜的練習呢？是不是可以早點下山？」

「如果那樣的話，需要三十年。」

「為什麼我全力以赴，不分晝夜的練，不僅不會加快學成的速度，反而會多練幾十年呢？」少年百思不得其解。

「從現在起，我決定放棄一切雜念，勤學苦練，爭取早日練成下山。」

「如果是這樣的話，那你至少要學七十年。」高人很沉穩地說。高人的話

讓少年費解，他默不作聲，思考了良久，突然有了感悟，明白了一些道理。

「欲速則不達」，做任何事情，片面追求速度都是危險的。教育也一樣，如果違背自然規律，不從實際出發，渴望一朝學有所成，簡直就是妄想。

眾所周知，赫胥黎是偉大的博物學家，卻很少有人知道他還是一位教育家，曾經撰寫《自由教育》等論著。他反對當時英國形式主義教育，提倡文理兼備的普通教育，並熱心科技教育，主張從小學起就進行科學教育。他提倡利用自然實驗，進行科學教育，而不是強調傳授知識的速度。自然實驗，是理論產生的泉源，又是檢驗真理的標準，是人類認識自然、改造自然的基本活動。

隨著科技發展，自然實驗的方法不斷改進，提高了實驗的準確性和自動化程式。同時，自然實驗的獨立性要求也越來越強，因此教師指導學生進行自然實驗，一定要深信科學，熟悉業務，是一個研究者。赫胥黎在《自由教育》中，反對把教育視為訓練，鼓勵孩子自由發展，在他的教育思想中，自由教育才是最主要的。他希望用自然實驗的科學教育改造傳統古典教育，注重文學、音樂、美術等學科的教育，促進個性全面的和諧發展。

## 小知識

B. F. 史金納（西元1904年～西元1990年），行為主義學派最負盛名的代表人物，被稱為「徹底的行為主義者」。同時也是世界心理學史上最為著名的心理學家之一，直到今天，他的思想在心理學研究、教育和心理治療中仍然被廣為應用。著作有《沃登第二》、《科學與人類行為》、《言語行為》、《強化的相倚關係：一種理論分析》、《關於行為主義》等。

# 快樂的拾穗者告訴子貢
# 什麼是永恆主義教育

永恆主義教育理論認為，過去的東西都是卓越的，宇宙、人性、知識和真、善、美都是不變的，值得嚮往的東西都是永恆的。

南山高隱圖。

《列子》是中國古代一部重要著作，其中記載了很多頗有哲理的故事，有一個故事是這樣的：

在晚春時節，天氣已經轉暖，大部分人都脫去了厚厚的棉衣，換上輕薄的春裝，可是有位叫林類的隱士，在這樣的天氣裡卻依然穿著粗糙厚重的皮衣。他在田間一邊走路一邊歌唱，看起來似乎十分高興，並不時蹲下身子拾取別人遺落的穀穗。

大聖人孔子帶著眾弟子出遊，正好路過這裡，他看到林類的穿著和表現，對眾弟子說：「這是一位不平凡的老人，你們有誰願意去向他請教呢？」

子貢主動站了出來，走到林類身邊，疑惑地問道：「老人家，看您如此坦然地生活，我很想知道您有沒有一些值得後悔的事情？」

林類並不理會子貢，依舊一邊唱著歌曲，一邊低頭拾穀穗。

子貢只好追隨林類，再三請教。

林類沒有辦法，反問一句：「我為什麼要後悔？」

子貢趕緊說：「依我看，您年輕時沒有努力學習，長大後又不肯勤奮工作，現在老了又孤身一人，沒有妻子、兒女在身邊照顧。在風燭殘年之際，如此悲涼悽慘的生活現狀，您的內心一定不快樂。」

林類呵呵笑起來，他聲音洪亮地說：「我快樂的理由人人都有，可是人們卻把這些當作憂愁。正是因為我沒有妻兒牽掛，現在死期將近，才不會悲傷啊！」

拾穗者告訴子貢，快樂是一種心態，一種境界，而不受外界環境影響。這種以不變應萬變的智慧，體現在教育學中，就是永恆主義教育理論。

二十世紀二〇年代，美國一些大學和學校的一群講授經典著作的「不受約束」的年輕教師，自發形成一個小團體，他們以赫欽斯、艾德勒、布坎南為核心，宣傳自己的觀點，發表了大量著述和研究，影響迅速擴大。這個小團體被人們稱之為「名著仔」，艾德勒覺得這個稱呼不好，就提出「永恆主義者」一詞，從此，永恆主義正式誕生。

永恆主義是一傳統的教育流派，也稱為新古典主義教育。五〇年代起，在英、法等國流行，法國的阿蘭、英國的利文斯通，都做出過巨大貢獻。

永恆主義者強調人性的基礎是理性，只有以永恆的真、善、美為基礎的理性文化，才可以穩定社會秩序。如果漠視這些理性文化，社會就會因為失去精神支柱而崩潰。永恆主義者極力推崇「永恆價值」，在此基礎上確立「復古式」課程標準，鼓吹好的教育可以使人認識真理，進而變得富有人

性。

永恆主義推崇的教學方法是蘇格拉底問答法和讀書。在他們看來，蘇格拉底的方法最能發展人性、實現理智訓練。而「讀書」，就是與傑出人物、「名著」作者交流，可以給人理智的訓練。

永恆主義教育流行一時，但究其根本，依然是保守的，因此隨著社會急劇變化，很快遭到淘汰。不過，其合理的內容對我們今日的教育還是有啟發作用。特別是在這個浮躁的現代社會，閱讀人類經典著作，對我們提高修養，深刻理解人類本質，會有很大的幫助。

## 小知識

森有禮（西元1847年～西元1889年），日本明治初期的政治家、教育學家。他致力於日本教育改革，建立了帶有濃厚軍國主義色彩的日本近代學校制度。著有《日本教育問題》一書。

# 不肯接受回頭浪子懺悔的老方丈，必須接受批判教育

批判教育追求對傳統教育的批判與「解放」，主張運用批判的理論和研究方法進行教育研究與分析。

老和尚非常喜歡自己身邊那個悟性很高的弟子，決心將平生所有的佛學全部教授給他，希望他將來能夠成為一個最出色的佛家弟子。可是小和尚畢竟年紀太小，禁不起塵世的誘惑，在一個漆黑的夜晚，趁師父睡得正香，便偷偷溜下山去了。下山以後的小和尚，從此花天酒地，過著無拘無束、放浪形骸的日子。

時光荏苒，轉眼二十載光陰付之流水，老和尚料定弟子此生不會再回頭。他每天除了誦經、打坐之外，就是懊悔自己當初看走了眼，如今希望變成了失望，留下的只有嘆息。

當初與師父不辭而別，此去經年，隨著時光的流逝，小和尚逐漸長大，在燈紅酒綠生活的背後，他經常感到一陣莫名的空虛。不由得時時想起遠方的師父，想起與師父一起誦經、一起打坐、一起吃苦或開心的日子。夜色悄悄隱去，東方微白，新的一天已經開始，他決心告別現在的生活，回到師父的身邊。

逃離與背叛，已經讓師父對自己曾經摯愛的這個弟子沒有了絲毫感情，當弟子再次跪在他面前祈求寬恕的時候，他面無表情地說了一句話：「不是為師不肯原諒你，實在是你罪孽深重，佛祖無法原諒。如果要佛祖原諒的話，除非桌子上開花。」小和尚哀求未果，便懷著極度失望的心情離開了。

第二天，老和尚像往常一樣來到佛堂，卻驚奇地發現供桌上開滿了大片的鮮花。這些鮮花像重錘敲擊著他的心靈，帶來一種不可名狀的震撼，他隨即下

山去尋找弟子。等他再次見到弟子的時候，弟子又淪陷進在荒淫無度的生活裡了。回到廟裡的老和尚當晚就圓寂了，臨死前，他說了一句話：「這世上，沒有什麼是不可以原諒的，也沒有什麼歧路是不可以回頭的。」

不肯接受回頭浪子的懺悔，看來老方丈需要瞭解和接受一下批判教育。

批判教育的基本方法是階級分析，基本立場站在弱勢群體這邊，因此批判教育認為「教育應該是政治的」，把教育理解為在合法性前提下規範的政治活動。

由於批判教育的特色，自從產生至今，與其他學派之間有著千絲萬縷的聯結，可以說，批判教育的產生是必然的，但它的存在和發展，卻必定不會一帆風順。

批判教育學流派分為英美流派和德國流派，前者具有創新風格，後者具有保守性。而德國流派被認為是教育領域中最具活力的競爭者。自從產生後，批判教育就在教育理論、課程、管理等方面進行了開創性研究。

「批判」並不等於「批評」，更意味著透過表面看到深處的含意，這需要思考、批判和分析。

## 小知識

松本龜次郎（西元1866年～西元1945年），日本近代教育學家。他認為理想的留學生教育應該是不求任何報酬的，並親身從事中國留學生教育四十年，為中、日兩國文化交流做出了巨大貢獻。主要著作有《中華五十日遊記》、《日本語教科書》、《日本語會話教科書》、《日本口語文法教科書》等。

# 綠燈前的木偶孩子與環境教育

環境教育是以人類與環境的關係為核心，以解決環境問題和實現可持續發展為目的，以提高人們的環境意識和有效參與能力、普及環境保護知識與技能、培養環境保護人才為任務、以教育為方法，而展開的一種社會實踐活動過程。

有一個木偶劇團在世界各地巡迴演出，他們演出的節目精彩極了，吸引一批又一批孩子前來觀看。孩子們都很喜歡舞臺上的小木偶了，它們活靈活現，舉手投足間盡顯可愛，就像真人一樣。

但身為主角的小木偶心思活躍，他演出節目時，注意到在座的每個孩子與自己都不同，不是有大人陪伴，就是穿著漂亮的衣服，或者有好吃的食物和好玩的玩具。小木偶想：「我從來沒有見過外面的世界，那一定非常多采多姿。我不要一輩子都在舞臺上，一定要找機會去見見世面。」

這個小木偶膽子真大，某天趁著演出空檔，他偷偷地溜出劇團，來到外面的大街上。大街上人來人往，車水馬龍，熱鬧非凡，小木偶立即被迷住了，他東轉西轉，忘記了回去的路。

這個時候，劇團裡準備上演小木偶的節目了，可是所有人都找不到小木偶。導演又氣又急，只好派人到處尋找。

過了好長時間，尋找小木偶的人回來了，他們帶著一個孩子，並對導演說：「找到了，找到了。」

導演一看，更加生氣了：「這明明是個小孩子嘛，怎麼當成木偶抓回來了？」

「導演，」那些人辯解說，「他就是個木偶。您不知道，剛才我們在外面找小木偶時，恰好路上的信號燈壞了，紅燈總是亮著，不會變換成綠燈。我們發現他一直站在路口，半天都不走，可能是在等綠燈。您想，他不是木偶是什麼？」

導演聽了，覺得好奇，就準備試一試。令他大感高興的是，這個孩子比真正的木偶還聽話，叫他做什麼他就做什麼。後來這個孩子加入木偶劇團，成為非常受歡迎的明星。

故事中的小木偶走失了，是因為他不瞭解周圍環境，缺乏對環境的認識。雖然這則故事強調了個性教育的重要意義，可是我們從走失的小木偶身上，還可以瞭解到環境教育的重要性。

由於人口增長，科技和生產力迅速發展，不可避免地導致人類生存環境惡化，由此產生的環境問題急需解決。一九七二年，各國首腦在斯德哥爾摩

舉行人類環境會議，從此掀開全球環境教育運動的嶄新篇章。如今環境教育已成為世界各國政府重視的課題之一。

目前，公認的環境教育課程模式有兩類：

第一類是多學科模式，也叫滲透式模式。這種模式是將環境教育內容滲透到各個學科之中，透過各學科課程化整為零地實施環境教育。多學科模式可以使學習者在學習其他學科時，獲得了環境知識、技能和情感，不用專門的教師和時間，節約教育成本。缺點是內容分散，課程的綜合評價較難，效果不夠理想。

第二類是跨學科模式，也叫單一學科課程模式。這種模式是將各學科中有關環境科學的內容進行綜合統一，形成一門獨立課程。這種課程設置可以彌補多學科的不足，使教育更具有針對性和系統性，不過，必然需要投入相當人力和物力，還會增進學習者負擔。

## 小知識

韓愈（西元768年～西元827年），中國唐朝文學家、思想家、教育學家，又稱昌黎先生。他將學校教育做為統治人民的重要工具，主張把教育與刑罰並列起來。在教學方法上提出「業精於勤，荒於嬉；行成於思，毀於隨」的主張，另外也十分重視「因材施教」的教學原則。他教育思想的精華在關於教師問題的論述，反對「恥學於師」。其主要的教育思想集中表現在《師說》、《進學解》、《子產不毀鄉校頌》及《潮州請置鄉校牒》等文章中。

第五章

# 教育的成敗關乎未來

## ——智慧閃耀的星空

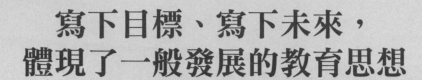

# 寫下目標、寫下未來，
# 體現了一般發展的教育思想

所謂教育思想，是指對人類特有的教育活動現象的一種理解和認知，這種理解和認知常常以某種方式加以組織並表達出來，其主旨是對教育實踐產生影響。

每個人都有理想，每個人對未來也都有自己的打算，耶魯大學的研究人員曾經針對學生將來的打算做過一個調查，他們首先向那些參與調查的學生提出一個問題：「你們確認自己有理想和目標嗎？」

學生們在思考片刻之後，有百分之十會回答自己有明確的理想和目標；接下來研究人員又向這百分之十的學生提出了第二個問題：「如果有目標的話，那麼你們會把它寫下來嗎？」

這些同學都面面相覷，然後默不作聲，最後有百分之四的同學的回答是肯定的，他們說曾經認真地把自己將來的目標和計畫寫在本子上。

這是一項長久的調查計畫，研究人員要求這些參與調查的學生留下自己的聯絡方式。二十年後，研究人員在世界各地遍訪這些人的時候，發現當初在紙上寫下理想和目標的人，現在都有了一定的成就。他們在事業上有傲人的業績，同時生活也有條不紊。相較之下，那些沒有明確目標的百分之九十的學生，他們的工作和生活就差很多了，有的生活沒有章法，有的許多年仍一事無成，非常失意。

在這次調查中，研究人員還發現了一個更有趣的現象，那些雖然也有自己的目標但是並沒有把目標寫在紙上的人一生也在忙忙碌碌，只不過他們一直都

在不自覺或者下意識地為那些百分之四有著明確目標的人服務，幫助他們努力地實現人生價值。

人生是不斷發展變化的過程，因此需要制訂一定的思想來指導。在教育學中，教育思想也是貫穿始終的因素。

常見的教育思想表達形式，有教育理論、教育學說、教育思潮、教育經驗、教育信條、教育主張、教育理想、教育言論、教育信念等等。不管哪種類型的教育思想，大體具有以下幾種特徵：

1、實踐性和多樣性。

2、歷史性和社會性。

3、繼承性和可借鏡性。

4、預見性和前瞻性。

教育思想的作用不容忽視，歸納起來主要有：

首先，教育思想有助於人們理智地認識教育，把握教育現實，使人們可以依據一定的教育思想從事教育實踐。

其次，教育思想可以幫助人們認清教育工作中取得的成績和存在的弊端，進而使教育工作揚長避短，更有起色。

再次，教育思想有助於人們合理地預測未來，預測教育發展趨勢，制訂教育發展的藍圖。

## 小知識

列‧符‧贊科夫（西元1901年～西元1977年），前蘇聯著名的教育家、教育學家和心理學家。在長期的實驗教學過程中，他提出了關於教學與發展問題的主導思想──「以最好的教學效果來達到學生最理想的發展水準」，並逐步形成了體現這一主導思想的五條「新教學原則」。主編出版了《教學中教師語言與直觀方法相結合》、《教學中的直觀性和調動學生的積極性》等著作。

# 揠苗助長違背科學主義教育的原理

科學教育思想，是西方近代教育發展進程中產生的一種教育思想或思潮，萌芽於十六～十七世紀，興盛於十九世紀。十九世紀中後期，在歐美各國得到廣泛傳播，成為重要的教育思想之一。

古時候，宋國有一個農夫，看著別人每年種水稻，都有很好的收成，便也跟著人家學種水稻。買種、育苗、插秧，經過一番忙碌，稻苗終於種到田裡了，看著綠油油的秧苗，農夫心想很快就能吃上香甜的稻米了，心裡很高興。

兩天以後，他跑到田裡，看到秧苗還像插秧時那樣，基本上沒有什麼長高，到底要什麼時候才能吃上稻米呢？他問鄰居，鄰居告訴他說：「現在秧苗還小，等長到一定的高度就會開始結稻穗了，那時就能吃上稻米了。」

從那以後，農夫每天都到田裡觀察秧苗的長勢。俗話說「欲速則不達」，幾天過去了，幾個禮拜過去了，秧苗並沒有長高多少，農夫想，這要等到什麼時候，不如我把它們都往上拉一拉，幫助它們長快一點。想到這裡，他捲起褲管就下到田裡去了，用了整整一下午的時間，他把每株秧苗都拔高了許多。

回到家裡，他累得精疲力盡，卻又興高采烈地對老婆說：「我們很快就可以吃到自己種的稻米了，因為我把每株秧苗都拔高了，它們很快就會結穗的。」

「你怎麼這麼性急呢？這樣做違反了水稻的生長規律，水稻不僅不會結穗了，而且會全部死掉的。」

農夫不信，第二天他滿懷希望的跑到田裡，一看卻傻眼了，所有的秧苗竟都死在田裡了。

　　揠苗助長者不懂科學，自釀苦果。在教育學中，教育者如果不從科學理念出發，沒有科學教育思想，採取揠苗助長的做法，也會損及學生的正常成長。

　　科學教育思想並非一朝產生的，具有深厚的思想淵源。從古希臘到十六世紀，兩千多年的時間裡先後出現過大量科學主義學說、主張，柏拉圖、亞里斯多德、蒙田等人在科學主義思想範疇中提出的教育理論數不勝數，構成了科學教育思想發展的歷史基礎。

　　到了十六、七世紀，培根、笛卡兒、夸美紐斯和洛克等人，先後宣導進行自然科學知識教育，成為科學教育思想的真正先驅，他們的思想標誌著科學教育思想的興起。

　　隨後，科學教育思想得到推廣，到了十八、九世紀相交之際，在康德、菲希特，尤其是赫爾巴特的努力下，科學教育理論進一步體系化，進入全新發展階段。康德等人提出了很多有意義的學說和見解，比如康德認為必須透過教育培養人的理性思維能力，使人具有獨立思考的能力，進而避免盲從和輕信。

亞里斯多德凝視荷馬半身雕像。

　　菲希特指出教育以培養堅強的品行為宗旨，真正的教育是道德教育。他認為道德教育是提高智商的最重要方法。提高智商後，能夠增長知識，發展技能，有效地促進心智力，有助於理性發展。

　　赫爾巴特進一步論證知識教育與道德教育、審美教育之間的內在關

聯，探討以知識教育為中心的教學過程和方法。他詳細分析課程選擇與編制的基本原理，闡明知識教育的理論依據。赫爾巴特的教育理論得到廣泛傳播，對歐美各國的近代教育產生深刻影響。

十九世紀中葉，赫胥黎和史賓塞的教育思想的發表，使科學教育思想發生了明顯變化，從此進入一個新的階段。

史賓塞的教育思想強調功利主義，認為在科技社會，只有科學才能有助於個人幸福和社會進步，所以他主張以科學做為課程體系的核心，用科學統治學校。

赫胥黎同樣強調科學教育，但他主張把科學教育與人文學科結合。

不管怎麼說，科學教育思想的產生和發展，是適應社會發展的客觀產物，對教育具有普遍指導意義，影響了學校教育課程設置和教學內容，推動了歐美各國課程改革。所以，科學思想教育對近代教育起到了巨大的促進作用。

## 小知識

讓‧巴普蒂斯特‧拉馬克（西元1744年～西元1829年），法國博物學家、教育家，生物學偉大的奠基者之一。「生物學」一詞是他提出的，並最先提出生物進化的學說。主要著作有《法國全境植物誌》、《無脊椎動物的系統》、《動物學哲學》等。

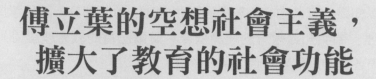

# 傅立葉的空想社會主義，擴大了教育的社會功能

教育的社會功能具有雙向性。以往對教育功能的研究多集中在正向功能上，而忽視負向功能，對這一領域做出開拓性研究的是美國社會學教默頓，他首次提出負向功能論，並進行深入探究。

傅立葉是法國空想社會主義者，曾編寫《關於四種運動和普遍命運的理論》、《普遍統一論》、《新的工業世界和協作的世界》等著作，他的空想社會主義學說和聖西門、歐文的空想社會主義學說一起，為馬克思的科學共產主義學說提供了寶貴的素材，成為馬克思學說的重要思想來源之一。

法國大革命。

傅立葉的父親是一個商人，在他中學的時候不幸去世了。傅立葉便遵循了父親的遺囑也做了商人，利用父親留下的遺產在里昂卡開了一家商店。

天有不測風雲，就在傅立葉的事業剛剛起步的第二年，便遭遇了一場叛亂。在法國大革命進行中，吉倫特派與雅各賓派之間發生了戰爭，戰爭的硝煙瀰漫了城市與鄉村，很快雅各賓派攻克里昂，傅立葉也隨之鋃鐺入獄。

　　和所有的人一樣，傅立葉也渴望一種和平的生存環境，但無情的戰爭打破了傅立葉寧靜的生活。他對戰爭的態度也由冷漠轉為極度的憤恨與反對，憑著自己對美好生活的渴望與幻想，傅立葉先後發表了《全世界和諧》、《四種運動論》、《新世界》等著作。在這些著作裡，有對資本主義制度假、惡、醜的揭露，更有對和諧社會的無限盼望，在傅立葉的思想裡，真、善、美的世界完全可以替代假、惡、醜。

　　傅立葉為建構的理想社會命名叫「法朗吉」。「法朗吉」是一個理想社會的基層組織，這個組織由一千多人參加，首領由大家選舉產生，然後再由他們組織人員參加勞動生產。這個組織最突出的思想就是城鄉之間和工農之間沒有差別，男女平等，同工同酬，按勞分配，並且所有的成員可以接受免費的教育。

　　在最初的推廣實踐中，傅立葉的這個構想並沒有得到整個社會以及廣大民眾的認可，尤其是在十九世紀三〇年代，他的實驗屢遭失敗。後來，傅立葉的門徒們加大了宣傳力度，並且把這個實驗轉移到了美國，在美國建立了四十多個「法朗吉」，可是結果仍然很不理想。

　　一八三七年十月九日，帶著一種憂慮與失望，在與兩位門徒進行了一番推心置腹的談話以後，於次日一早，傅立葉悄悄地離開了這個世界。

　　一場夢想一場空，傅立葉的理想社會被稱之為「傅立葉空想」，其中關於免費教育的問題，現在看來依然不容易實現。在傅立葉的觀念中，教育的作用十分強大，他幻想透過教育和宣傳就能建立「法郎吉」，顯然擴大了教育的社會功能。

　　任何教育都有一定的社會功能，只不過性質和強度有所不同。我們這裡說的教育是指「學校教育」，功能指的是「客觀結果」。按照教育對其社會生存而言，有貢獻性也有損害性，有貢獻的屬於正向功能，有損害的屬於負

向功能。

「正向和負向」並不等於「肯定和否定」，不具有價值判斷色彩。因為這是觀察者以社會系統自身維持的需要為參照。比如為了維持落後的社會樣貌進行的傳統教育，是正向的，但不值得肯定。

在具體表現上，教育的社會功能涉及廣泛，包括人口、政治、經濟和文化等各個方面。

比如教育可以改善人口品質、提高民族素質，能夠促進政治民主化，可以促進經濟發展，可以促進文化延續和發展等等。然而教育不是萬能的，自然有其負向功能，比如過分強調教育的國家，千方百計把人培養成國家公民、建設者、民族文化傳承者，勢必會壓抑人性，忽視個性，造成無法彌補的損失。

## 小知識

文翁（西元前156年～西元前101年），中國西漢時期教育學家。漢景帝時任蜀郡太守，在此期間，宣導教化，教民讀書，學法令，選拔郡縣小吏十人到京都研習儒經。在成都城中設立學校，選官吏子弟入學，重視對學生進行從政能力的培養。文翁興學實為中國歷史上地方政府設立學校之始，對社會風氣的形成也有其重要意義。

# 從楚娃學齊語到名著《學記》，揭示最早的教育學理論

教育理論是教育思想的一種表現形式，是透過一系列教育概念、教育判斷或命題，藉助一定推理形式，而後構成的關於教育問題的系統性的陳述。所以說，教育理論是教育思想的一種高級表現形式。

儒家思想的代表人物孟子，曾經給他的學生們講過這樣一個故事：有一個楚國人，想讓兒子學習齊國的語言，所以就不辭辛苦從齊國請來一位老師。老師雖然教得很認真，但是這個孩子卻怎麼也學不會，父親以為孩子不好好學，就用鞭子抽他，可是依然收效甚微。

「那該怎麼辦呢？」學生不免擔憂地問孟子。

孟子說：「齊國的語言在楚國沒有生存環境，這個孩子無論如何也學不會齊語，因為大家都在說楚語，如果把他送到齊國，在商貿繁華的地方住上幾年，耳濡目染，這個孩子自然而然就會說齊國話了。」

「那結果呢？」學生追問。

「這個孩子在齊國學會了齊語，可是他卻把楚國話又忘記了，任憑父親用鞭子抽，他也不

孟子故居。

會說楚國話。」孟子回答。

環境造就人，孟子的這則寓言故事「楚娃學齊語」，反映著一個獨特的教育觀，同時也深深影響著他的學生們，據說最早的教育學著作《學記》就是他的學生樂正克編寫的。

從孟子的教育觀到《學記》，我們看到古代教育理論的發展狀況。《學記》是世界上最早的一部專門論述教育、教學問題的論著，系統而全面地闡述了教育的目的和作用，以及教育與教學的制度、原則、方法，還講到了教師的作用、師生關係等問題。《學記》重視啟發式教學，提倡「教學相長」、因材施教。在今天看來，很多觀點和方法都是值得肯定和發揚的，在教育理論中佔重要地位。

一般認為，教育理論具有以下三個特點：

1、教育理論包含具體的構成成分，分別為教育概念、教育命題和一定的推理方式。任何理論必須經由概念、判斷或命題等基本思維形式構成，所以教育理論也不例外，如果沒有教育概念、教育命題，只是對某些教育現象進行描述，哪怕是系統的，也不是教育理論。

2、教育理論是對某些教育現象或者教育事實的抽象性概括。理論超越事實和經驗，所以教育理論在形式表達上雖然只是一種陳述體系，但是在內容上，它是濃縮的，是概括的，不是對教育現象和事實的直接複製，而是一種間接的抽象反映。

3、教育理論必須是系統的，不是單個的教育概念或者教育命題。如果不藉助一定的邏輯形式，沒有一定的系統性，再好的教育概念和教育命題都不能構成教育理論。即使這個概念或命題是對教育現象和事實的概括反映，也只是一種零散的教育觀念，是一種初級形式的教育思想。

## 小知識

格奧爾格・齊美爾（西元1858年～西元1918年），德國社會學家、教育家、哲學家。提出衝突的存在和作用，對衝突理論起了很大的促進作用，同時還對文化社會學有突出貢獻。著有《歷史哲學問題》、《道德科學引論：倫理學基本概念的批判》、《康德〈在柏林大學舉行的十六次講演〉》等。

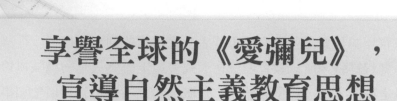

# 享譽全球的《愛彌兒》，
# 宣導自然主義教育思想

自然教育論認為，兒童的身心發展有著自然規律，教育應當順應兒童的天性，遵循和尊重這些自然規律，不能與其對抗。否則，教育會失敗。

盧梭出生在瑞士一個鐘錶匠家庭，母親在生他的時候因為難產而去世，是姑媽和父親把他帶大的。

與父親相依為命的日子讓盧梭感到了生命的珍貴，因為母親去世後給他們留下了很多小說，盧梭經常跟父親一起看書到深夜。母親的著作給了幼小的盧梭很大的啟迪，漸漸地，盧梭養成了愛讀書的習慣。從勒蘇厄爾的《教會與帝國歷史》到包許埃的《世界通史講話》，從普魯塔克的《名人傳》到那尼的《威尼斯歷史》，那些書本以及劇本中的歷史人物潛移默化的影響著盧梭的思想和精神，同時也為他奠定了良好的人生價值觀。

充實而略帶傷感的童年很快就結束了，為了謀生，十三歲的盧梭被送到一個律師那裡當書記員。書記員的工作不僅繁重而且枯燥乏味，不僅如此，他每天還要忍受馬斯隆先生的指責和辱罵。工作了不久，他就辭去了這份工作，轉而到了一個雕刻匠那裡學習雕刻。

盧梭很喜歡繪畫，加上他又覺得雕刻是一個很有趣的職業，所以也就安下心來跟著師父做了起來。一次，他在應朋友之約雕刻一個騎士勳章的時候被師父發現了，師父誤以為他在雕刻假幣，便不聽任何辯解就將盧梭痛打了一頓。學徒生涯不僅沒給盧梭帶來一絲快樂，而且讓他飽受了社會的摧殘與折磨，

在他對雕刻失去了最後的一點耐心之後，便離開了故鄉出去闖蕩。

離開故鄉的盧梭，像掙脫了牢籠的鳥兒，大自然的風光和浪漫的田園生活讓他陶醉，同時在大自然中他也領悟了許多人生的哲理，更進一步提高了人生觀與價值觀。在他看來，這是很難在書本中學到的東西，他把這種情緒訴諸於筆端，流露在自己的文章裡。

在法國巴黎的先賢祠中，盧梭棺木的側面上寫著：「這裡安息著一個自然和真理之人。」

一七五七年，盧梭完成了一本以教育制度為題材的著作《愛彌兒》。在書裡，盧梭以一個假設的人物愛彌兒為例，鞭撻了當時封建的教育制度，提倡教育應該從自然的人性觀出發。因為人生來是自由、平等的，在自然的狀態下，每個人都應該享有正當的權利。在這本書裡，他這樣寫道：「人性本善，教育應順應兒童的內在慾望而行動，不必加以干涉。一旦受了社會的干涉，兒童極易產生不自由、不平等，甚至產生罪惡。」

盧梭主張和推崇人性化的教育方式，在兒童對社會意識形態尚未認識之前，盡量讓他們遠離社會，到自然中去傾聽、領悟，最自然的教育方式才是最好的教育方式。

盧梭是西方教育史上具有劃時代意義的人物，他在《愛彌兒》中宣導的自然教育論及其思想，使教育發展方向發生根本轉變，對後世教育影響深遠。

自然主義教育論萌發於古希臘哲學家的思想中，柏拉圖、亞里斯多德都曾提出過一定的看法，後來夸美紐斯在《大教學論》中抨擊學校教育違背自

然，認為教育應該適應自然，合乎自然秩序。

文藝復興時期，受「天賦人權」、「人人生而平等」等思想影響，盧梭再次提出自然教育論，並對傳統教育進行猛烈抨擊。他要求重視兒童個性，瞭解兒童本性，教育必須適應兒童天性的自然發展。

隨後，瑞士著名教育家裴斯泰洛齊繼承並發展了盧梭的自然教育論，提出了「教育心理化」的概念，裴氏的弟子福祿貝爾是自然教育論的繼承者。

受盧梭和裴斯泰洛齊的影響，十九世紀德國著名的資產階級民主教育家第斯多惠也接受了自然教育論，並進一步發展，把「遵循自然」的教育原則列在教育的首位。他說：「教育必須符合人的天性及其發展的規律，這是任何教學首要最高的規律。」

至此，自然主義教育論達到巔峰狀態。到了十九世紀下半葉，隨著心理學發展，自然主義教育論有了新的發展，關於自然適應性問題成為心理學家的重要論題。

## 小知識

王充（西元27年～約西元97年），中國漢朝唯物主義哲學家、教育學家。他從人性可以改變的觀點出發，認為人的知識、才能、道德品格都是在教育和環境的影響下形成和改變的。並把禮、樂、射、御等做為主要的教育內容，提出學習必須靠耳、目感覺器官獲得，啟動腦筋進行理性思考。他批判了封建神學，提出了一些唯物主義的教育思想主張。主要著作有《論衡》、《譏俗》、《政務》、《養性》等。

# 洛克的「白板」理論，
# 建構完整的紳士教育理論體系

「紳士教育」認為，紳士是活躍於英國上流社會和政治舞臺的人物，他們既有貴族風度，又有事業家的進取精神，是資產階級經濟發展的實幹人才。所以，紳士應該受到體育、德育和智育等方面的教育。

洛克的全名叫約翰·洛克，出生在英國，父親是一個清教徒，內戰發生後曾做為議會軍隊參加戰鬥。洛克從小就接受了一套非常嚴格的教育，一六四六年，他又被轉送到威斯敏斯特學校接受傳統的古典文學的基礎訓練。

一六五二年洛克開始從政，在這期間他到牛津大學學習並居住了十五年，而就是在牛津居住期間，使他對牛津的經院哲學產生了反感。他喜歡被稱為「現代哲學之父」的笛卡兒的哲學以及自然科學，由於他的思想觀點遭到當局的強烈排斥，洛克便決定放棄哲學而改行做醫學研究。

可是洛克依舊迷戀笛卡兒的哲學研究，一六六六年，他有幸結識了莎夫茲伯里伯爵，在做伯爵助手的幾年裡，他又開始了《人類理解論》的著作。從一六八二到一六八八這幾年，是洛克命運最顛簸的幾年，也是他卓有成就的幾年。在這幾年裡，他跟隨莎夫茲伯里伯爵到了荷蘭，隨著伯爵的離世，洛克也開始了隱居的生活。在隱居

正在給瑞典女王講課的笛卡兒。

期間，他完成了包括《人類理解論》等在內的幾部重要的著作。

「白板說」是洛克宣導的主要哲學思想，他逐漸摒棄了笛卡兒的天賦說，開始認為一個人的心靈在最初的時候只是一張白紙，沒有任何印記，所有的知識和理性都源於後天對社會的認知和理解。而這種認知和理解又分為兩種，一種來自於外在的刺激，另一種來自於內在的反省。觀念也分為兩種，一是簡單的觀念，是受到外界的刺激再加上自我反省之後直接產生的；另一種是複雜的觀念，是由很多簡單的觀念累積而成的。簡單觀念的形成，其實就是分析一個人與外物之間相互作用的關係，這種認知是這兩者在共同作用的時候形成的，可是在這兩者之間，哪一個又是佔主動位置呢？

洛克認為人的心靈並沒有構成任何思想觀念的能力，所有的認知都是透過外物的刺激產生的，就像一面鏡子，不能選擇、不能改變或者不能拒絕各種外物在它面前所產生的影像。在長期的作用下，他逐漸被吸引、被影響，進而形成了自己的觀念。

「白板說」是洛克建構紳士教育理論的基石。洛克在《教育漫話》中提出「紳士教育」，認為紳士是活躍於英國上流社會和政治舞臺的人物，他們既有貴族風度，又有事業家的進取精神，是資產階級經濟發展的實幹人才。紳士應該受到體育、德育和智育等方面的教育。

洛克提出了一系列將兒童訓練成為「紳士」的教育方法和內容。

1、健康教育。洛克認為健康的體魄是一個紳士必備的條件，是個人幸福和事業的基礎。在這一點上，他開創先河，是第一個提出並制訂健康教育計畫的人。為了健康教育，他反對嬌生慣養，主張孩子接受各種訓練，如穿著不要太暖、用冷水洗腳、露天生活、飲食清淡、睡硬板床等。

2、道德教育。洛克認為德行在紳士應該具備的品行中佔首要位置，他認為紳士應該具有理智、禮儀、智慧、勇敢、公正等品德。為了培養良好品德，洛克提出很多具體辦法，比如不要把別人的東西據為己有、樂於施捨、講求禮貌、與有德行的人交往等。

3、知識教育。洛克為紳士教育安排了廣泛的教學內容，他認為紳士應該具備事業家的知識，所以除了讀、寫、算的基本知識外，還要學習天文、地理、歷史、法律等，在這些科目中，法律尤為重要。除了書本知識，洛克還強調紳士應該學會消遣性知識，比如舞蹈、雕刻、園藝等。

　　紳士教育計畫雖然是針對上層社會子弟，以聘請家庭教師的方式進行，但是這種教育的有些方法和內容，在現今教育普及化和民主化潮流下，依然具有現實意義。比如健康教育，對今天的家長和孩子來說，就有很好的警示作用。

## 小知識

王安石（西元1021年～西元1086年），中國北宋文學家、思想家、教育學家。他認為教育的目的，是要造就「可以成為天下國家之用」的治國人才。強調封建倫理道德的修養，重視培養從事實際工作的能力和才幹。在變法期間，他對科舉制度和學校制度進行了一系列改革，影響深遠。他的教育思想主要集中在《上仁宗皇帝言事書》、《原教》、《傷仲永》、《慈溪縣學記》等文章裡。

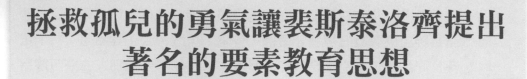

# 拯救孤兒的勇氣讓裴斯泰洛齊提出著名的要素教育思想

要素教育理論的基本含意是，教育過程應該從一些最簡單的、兒童可以理解並接受的「要素」開始，然後逐漸增加更為複雜的「要素」，來促進兒童各種天賦能力的全面和諧發展。

裴斯泰洛齊是瑞士傑出的教育家，提倡仁愛的教育方式。

童年的裴斯泰洛齊很不幸，父親太早離開人世，靠母親從早到晚拼命工作，才得以維持這個貧困潦倒的家庭。裴斯泰洛齊從小就有責任感，一次在學校上課的時候，突然發生了地震，所有的孩子都爭先恐後地往外跑，唯獨裴斯泰洛齊，在跑出去的時候手裡還抱著一大堆同學們的衣物和文具。

上學的時候，裴斯泰洛齊經常利用假期看望在韓谷教區做牧師的爺爺，也常跟著爺爺去附近的那些人家講道。那些人家有窮、有富，窮人家的孩子不僅不能上學，而且連生活都難以維持，長期的飢餓導致他們顴骨高聳，眼窩深陷。從他們呆滯的目光中，就可以看出他們對生活基本上沒有什麼渴望和信心，從某種意義上來說，他們甚至失去了做人最起碼的尊嚴。

要想脫離貧困，最好的辦法就是讓孩子們走進學校去上學，用愛心喚醒他們的尊嚴，用教育喚醒他們的沉淪，使其改變貧困的現狀。那時候的裴斯泰洛齊就暗下決心，等長大以後，要盡自己最大的能力幫助那些貧困的孩子，讓他們走進學堂接受正常的教育，恢復正常人的生活。

富家之女安娜被裴斯泰洛齊高貴的品格所感動，深深地愛上了這個有志氣的年輕人。不過，裴斯泰洛齊並沒有為女友萬貫的財富所傾倒，反而還給未婚

妻寫過這樣一封信，信的大體內容是：「如果我的朋友遭遇了不幸，我會像自己遭遇不幸一樣難過；如果我國家遭遇了不幸，我會隨時準備奉獻自己的一切；如果妳愛我，就不要用淚水阻攔我。」

裴斯泰洛齊——慈愛的兒童之父。

　　一七七四年冬天，當時家境還相當貧困的裴斯泰洛齊成立了第一所貧民學校，收納了十八個流浪兒。裴斯泰洛齊每天跟他們一起學習、勞動、談心、同吃同住，逐漸使他們恢復了活潑的本質與自信的笑容。

　　隨著貧民學校的逐漸擴大，裴斯泰洛齊的生活也日漸陷入了窘迫。給孩子們安排住宿、買新衣服、增加營養，在把這些小乞丐從貧困的邊緣拉回來的時候，裴斯泰洛齊自己卻成了一個衣不遮體、食不果腹的老乞丐。

　　但艱難的辦學過程並沒有難倒裴斯泰洛齊，相反地，在實踐中，他總結出了很多卓有見地的教育學理論，對教育學發展產生重要影響。其中「教育心理化」和要素教育，代表他的教育學思想體系的重心。

　　裴斯泰洛齊認為，各種教育、教學中，都存在著一些最簡單的要素，必須從這些簡單的要素開始，逐步轉移到複雜的要素，才能保證人的和諧發展。那麼在裴斯泰洛齊看來，全面和諧發展的內涵是什麼呢？

　　裴斯泰洛齊認為，和諧發展是教育的目的，這種教育思想以人性論為理論根據。

　　首先，人的天賦本性具有均衡性和統一性，所以教育的目的就是完整的

人的發展。

其次，人的動物本性是自然的產物，因此，教育不僅是促進個人的發展與完善，還在於推動社會和人類的進步完善。人與社會是相互結合的，不是對立的。

裴斯泰洛齊分析了要素理論中的各種基本要素：

1、體育。體育中最簡單的要素是各關節的運動能力，表現為搬、推、撿等基本動作。這是由人的天賦能力本身所決定的，是體育的基礎。透過這些基本動作，可以構成各種複雜的動作，進而發展和增進兒童的一切身體能力，提高身體的力量的技巧。

2、勞動教育。勞動教育中最簡單的要素是身體的操練，從操練中，可以使人培養勞動精神、技能和習慣，進而做到自立更生，和諧發展。

284

3、德育。德育的最簡單要素是「母愛」。當嬰兒得到母親的關照，愛和信任的情感就在心中萌生和發芽。從對母親的愛，逐漸擴大至親朋好友的身上，然後發展到其他人，隨著愛的範圍擴大，一個人的道德力量逐步形成。

4、智育。智育的最簡單要素是數目、形狀和語言。從這三個基本要素入手，幫助兒童認識事物，感性地去獲得一定知識，並發展智力。

要素教育是對初等教育新方法的研究和實驗的成果，這一成果為後世提供寶貴的經驗。

## 小知識

李贄（西元1527年～西元1602年），中國明朝末年思想家、文學家、教育學家。他反對舉功業、求名利的學習目的，提倡「關心天下百姓痛癢」、「治天下」的學習目的，既注重為學，也重視為人。以「童心說」揭露理學教育對人民的毒害，提倡「因材而篤」的教育觀點。主要著作有《藏書》、《續藏書》、《焚書》等。

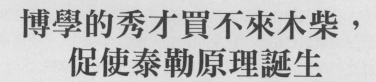

# 博學的秀才買不來木柴，
# 促使泰勒原理誕生

泰勒原理由以下基本問題構成：確定教育目標，學校應該試圖達到什麼教育目標？選擇教育經驗，即學習提供什麼教育經驗最有可能達到這些目標？組織教育經驗，學校如何有效組織這些教育經驗？評價教育經驗如何確定這些目標正在實現過程中？

從前有一個秀才，學富五車，才高八斗，每天把自己關在家裡大門不出二門不邁，只顧鑽研學問。

這天，妻子交代說：「家裡的木柴沒有了，你去市集上買些回來。」

秀才聽了便來到市集，正好不遠處有個賣柴的，便喊道：「荷薪者過來。」

那賣柴火的不懂什麼叫「荷薪者」，但是看看周圍又沒有其他人，便挑著木柴走了過來。

把柴放下，又聽到秀才問道：「其價如何？」

賣柴的哪裡聽得懂什麼是「其價」，不過他聽到秀才說了個「價」字，便猜到秀才大概是在詢問價格，就說：「十文錢一擔。」

這時秀才看了看木柴又說：「外實而內虛，煙多而焰少，請損之。」

秀才的意思是說，這木柴看起來好像是很乾，但是裡面是濕的，這樣點起火來會冒煙，火苗很少，不如賣便宜一些。

可是賣柴的根本沒聽懂秀才的話，他以為秀才沒有相中木柴，就挑起擔子到別處賣去了。

迂腐的秀才買不到柴火，真可謂「百無一用是書生」，造成這種局面的原因在於秀才沒有明確的學習目的，單純把知識理解為知識，而不懂得學以致用。針對教育中普遍存在的理論與實踐脫節現象，美國當代著名課程和評價專家泰勒先生，經過八年研究課程實驗，提出了著名的泰勒原理，因此被稱為「課程理論之父」、「教育評價之父」、「行為目標之父」。

他將課程編制分為了以下步驟：

首先，確定教育目標。教育目標是非常關鍵的，應該從學生的需要、社會的需要、學科專家的建議等多方面加以考慮。然後透過教育哲學和學習理論篩選已經選出來的目標。同時還要將教育目標進行陳述。每一個目標包括兩部分：行為和內容，這樣可以明確教育職責。教育目標是有意識地想要達到的目的，是期望實現的結果，是選擇材料、策劃內容、設定教學程序，以及制訂測驗和考試的準則。

其次，選擇學習經驗。「學習經驗」不是某個學科的內容，也不是某個學科的活動，而是學生與外部環境的相互作用。選擇學習經驗，有五個方面原則：學生必須具有實踐教育目標所隱含的那種行為的經驗；學習經驗應該給予學生滿足感；學習經驗應該在學生能力範圍之內；許多特定的經驗可以達到同樣的教育目標；同樣的學習經驗可以產生幾種不同結果。學生不是被動接受知識的容器，而是積極的參與者，為了達到教育目標，教師選擇的學習經驗，比如用啟發式教學，引導學生主動探究問題。這樣有助於培養學生思維能力和興趣，有助於獲得資訊。

再次，組織學習經驗。組織學習經驗時要做到三點：連續性、順序性、整合性。連續性是指應該直線式地陳述主要的課程要素；順序性是指每一學

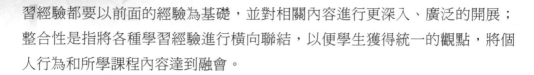

習經驗都要以前面的經驗為基礎，並對相關內容進行更深入、廣泛的開展；整合性是指將各種學習經驗進行橫向聯結，以便學生獲得統一的觀點，將個人行為和所學課程內容達到融會。

最後，評價教育結果。評價是檢查學習經驗實際上帶來的預期結果，全面檢驗學習經驗的作用。評價的次數最少為兩次，一次是教育計畫早期，一次在後期，以對照這個期間內的變化。評價結果，不能只是單一的分數，或者描述性術語，而是反映學生狀況的剖析圖。所以，評價是教師、學生和相關人士瞭解教學成效的方式和途徑。

## 小知識

派克（西元1839年～西元1902年），美國教育學家，美國進步教育運動的宣導人之一，被譽為「進步教育之父」。他提出了「昆西教學法」理論，引起許多國家的注意，同時形成了一系列關於兒童發展的理論。他主張把藝術活動和手工勞動介紹到學校中，認為學校的一切課程應該盡可能地建立在社會實踐的基礎之上，從兒童的興趣出發，同時對教師也提出了要求。主要著作有《關於教育學的談話》、《談教學方法》、《怎樣學習地理》等。

# 女醫生蒙特梭利的自由
## ——蒙氏教育法

蒙氏教育的原則是，以兒童為主，為孩子提供充分的教材，把握敏感期學習，教師處於協助地位，父母是兒童教育的關鍵，反對注入式教學。

蒙特梭利出生在義大利安科納地區的一個小鎮上，良好的家庭教育賦予了她從小就懂得關心和體貼別人的善良而堅韌的性格。參與工作以後，蒙特梭利熱心致力於兒童早期的啟蒙教育，特別是一些智能障礙兒童，她把自己的一生都奉獻給了兒童教育事業。

從羅馬大學醫科大學畢業以後，蒙特梭利就留在羅馬大學精神病診所擔任助理醫師。在這裡，她接觸到了很多低能兒，治療和提高他們生活的能力是蒙特梭利的工作。

對於這些兒童，蒙特梭利由最初的同情，幫助他們解決一些小問題到開始觀察他們的日常生活。在長期細緻而耐心的觀察中，蒙特梭利發現，這些兒童除了吃飯以外，他們還會在屋子裡尋找可以抓住的東西。如果給他們一樣東西的話，他們會緊緊的握在手裡。長期從事兒童神經研究的蒙特梭利，知道雙手的運作會對大腦的發育產生積極的作用，她由此斷定，要想有效開發低能兒的智力，僅靠藥物治療是起不到什麼效果的，更重要的是對他們進行肢體運動能力方面的誘導和教育。

為了更有效地提高低能兒的智力，蒙特梭利不僅為他們每個人都製作了一套運動鍛鍊的工具，而且還拿出大量的時間跟他們在一起，觀察他們的言行，

蒙特梭利和孩子們在一起。

做分析、紀錄，以便能夠找到更合適的教育辦法。在蒙特梭利的教育下，那些低能兒不僅會讀書、寫字，而且還通過了為正常兒童舉行的公共考試。

從考試的結果來看，低能兒的成績並不比正常兒童差，這即是透過合適的教育得來的。那麼正常的兒童的智商為什麼沒有表現得比低能兒更突出呢？是對他們的教育不當還是貽誤了時機？

帶著這個課題，蒙特梭利又重新回到了羅馬大學，從學生做起，開始有系統地學習生物科學、實驗心理學、正常教育學、教育人類學等有關學科，進而探索出一套人類生命發展的自然規律。針對這些規律，她又研究出一套人性化的切實可行的教育措施。經過一點點的累積和實踐，她的這套思想和教育方式已逐漸成熟，同時也得到了社會上廣泛的認可。

　　一九〇七年，蒙臺梭利在羅馬貧民區建立「兒童之家」，招收三至六歲兒童，運用自己獨創的方法進行教學，取得驚人效果。這些平凡的、貧寒的孩子，經過幾年教育後，變成了聰明自信的少年英才。蒙特梭利的教學轟動歐洲乃至整個世界，此後，仿照蒙特梭利的模式建立的「兒童之家」遍及各地。

　　蒙特梭利教育模式的基本特點如下：

1、以兒童為中心，將兒童視為有別於成人的獨立個體，反對以成人為主的教學。

2、主張以日常生活訓練，配合良好的學習環境、豐富的教材，為教學主要形式，鼓勵兒童自發自動地學習，主動建構自己完善的人格。

3、把握兒童敏感期，根據敏感期學習特徵進行教育，獲得最大學習效果。

4、教師在教學中是協助者，應該深刻認識和瞭解孩子的心靈世界，對孩子的狀況瞭若指掌，以便為孩子提供適時適性地協助和指導。

5、幼稚教育的日的是協助孩子正常化，幫助完成人格的培養。

6、尊重孩子的成長步調。蒙氏教育沒有課程表和上下課時間，使孩子能夠專注地做自己想做的事，發展內在需要。

7、主張混齡教學，讓不同年齡的孩子在一起，互相模仿、學習，養成樂於助人、關心別人的良好社會行為。在蒙氏教學中，教室是一個小小的社會，孩子在其中要學會尊重別人，與人相處。

8、教材和教材豐富多彩。教材不是訓練工具，而是孩子「工作」的材料，孩子在重複「工作」中，會培養完善的人格。

9、反對獎懲制度，因為獎懲會挫傷孩子的尊嚴。

　　蒙氏教育的獨特魅力影響深遠，因對兒童充分的研究與瞭解，主張「自由發展」，為孩子的成長打下良好的素質基礎。近百年來蒙氏教育推廣取得豐碩成果，其理論也不斷完善和發展，如今蒙氏學校已經遍及一百多個國家，在歐美等發達國家尤受重視。

## 小知識

威廉‧馮‧洪堡（西元1767年～西元1835年），德國教育學家、哲學家。他主要的教育思想是：人人都應受教育；把教育分成初等教育、學校教育（即中等教育）和大學教育；教學內容多樣，以語言和想像為教學方法。並在教育史上第一個提出大學的教學應當與科研相結合的思想。主要著作有《關於人的教育理論》、《柯尼斯堡教育計畫》、《立陶宛教育計畫》和《柏林高等學術機構的內外組織問題》等。

# 從史賓塞的快樂教育法到主知主義教育思想

快樂教育的目的是全面提高學生素質，教會學生做人，讓每個孩子在幸福快樂的童年生活中，德、智、體、美得到全面發展。換句話說，快樂教育就是教會人們以改善心態來獲取快樂、體會快樂，並提高生活品質。

一個風和日麗的日子，老師帶著學生們外出郊遊。他們來到德文特河邊，這裡風光秀麗，鳥語花香，真是大自然賦予人類的一塊瑰寶。孩子們盡情地玩耍著，有的跑來跑去做遊戲，有的蹲在地上一動也不動地研究小昆蟲，還有的在河邊扔石子比賽，看看誰打出的水花最多。

老師自始至終默默地站在遠處的樹下，滿臉笑意地欣賞著自己的學生，彷彿他們的歡樂感染了自己，讓他感到身心愉快。

快到中午了，老師抬頭望望河對岸的教堂，看著教堂上肅穆莊嚴的十字架，忽然召集學生們說：「大家注意，我有事情要跟大家商量。」

玩樂的孩子陸續來到老師身邊，嘰嘰喳喳地問：「什麼事？是不是要吃午飯了？」

老師沒有回答，而是把他們分成兩組，然後分別進行了祕密的安排。他悄悄對第一組的孩子說：「你們看見那邊的教堂了嗎？教堂裡正在舉行婚禮，等會兒我發出口令，你們就跑到教堂去，先跑到的孩子會得到小糖果。」

這組孩子聽了，高興地站在一旁等候。

　　老師又來到另一組孩子身邊，對他們說：「一會兒我發出口令，你們就全速往教堂那邊跑，越快越好，明白嗎？誰落後誰會受到懲罰。」

　　安排完畢，老師發出了統一口令，兩組孩子聽到後，都拔腿狂奔。從河邊到教堂可不是一段短路程，孩子們年紀小，跑了一會兒就有些吃力了。不過第一組的孩子們明顯快得多，而且全部堅持到了最後。當他們到達教堂後，一個個滿臉興奮，像是贏得了什麼榮譽。而第二組的孩子們呢？跑著跑著，有的脫隊了，有的乾脆跑了一半就停下來。由於停下來的孩子越來越多，他們也就不怕懲罰了。

　　這是一個真實的故事，是一位教育家進行的科學實驗。這位教育家就是史賓塞，史賓塞是科學主義教育思想的代表人物，也是快樂教育法最早的宣導者。

　　史賓塞認為，最好的教育本質上都是快樂的。快樂教育是素質教育的前提，是一種賞識教育，也與成功教育密不可分。快樂教育的內容很廣泛，主要有以下方面：

1、用興趣引導學生快樂學習。不管什麼樣的興趣，對孩子的求知來說都是有價值的。

2、適當引導孩子的好勝心，幫助孩子正確面對挫折。

3、保護和激發孩子的好奇心。

4、以培養孩子的興趣、融洽親子關係等方法，培養孩子樂觀快樂的心態，學會調節心態。

5、參與孩子的活動，與孩子共同遊戲。

6、善於傾聽孩子的心聲，激發孩子的自信心。

　　進行快樂教育，要避免一些禁忌，比如使用粗暴尖刻的語言、過分地批評孩子、冷漠和麻木地對待孩子、傷害孩子的自尊心、要求孩子十全十美等。教育者應該多一些寬容和等待，少一些苛刻和斥責，給孩子創造一個積極、愉悅、主動的心境。

　　快樂教育法的出現和發展，與十九世紀普遍流行的主知主義教育思想有關。主知主義是一種具有特殊規定性的教育思想，是工業革命後科技迅速發展的結果。代表人物有赫爾巴特、洛克、史賓塞、狄德羅、裴斯泰洛齊等人。他們強調知識、智慧和理性的價值，主張把傳授知識和發展理智做為教育的目的。在他們看來，知識與道德、審美都密不可分。

　　赫爾巴特的統覺理論就是這時提出的，他認為興趣是實現統領作用的基本條件，決定著人的智力活動。所以他說：教學的目的就是培養多方面的興趣，這一點與史賓塞的快樂教育法十分相似。

## 小知識

黃宗羲（西元1610年～西元1695年），中國明、清之際思想家、史學家和教育學家。他反對科舉制度，認為學校既是培養人才的場所，也是各級政府的監督機構，依據民主政治制度的理想，提出由大學、小學和書院構成的學校體系。教學內容注重實用，主張開設五經、兵法、曆算、醫射等科。著有《明儒學案》等。

# 最聰明的老師和徒弟，
# 演繹泛智教育思想

泛智教育思想，由捷克教育家夸美紐斯提出，他認為，「泛智」的教育就是要「把一切事物教給一切人」。可見，泛智教育就是使所有人獲得廣泛、全面的知識、智慧，並且普遍發展智慧的教育。

在殷商時期，有一個學識淵博的丞相叫商容，商容品行端正，剛直不阿，經常直言犯上。紂王在遇到妲己以後，就變得荒淫無度，不問朝政，只貪圖享樂。同時妲己禍亂朝綱，濫殺無辜，百姓怨聲載道。看到這個情形，商容冒死上諫，指責紂王的昏庸和妲己的妖媚。

看到商容的奏章，紂王惱羞成怒，責令手下將商容拉出去用金瓜打死。見上奏無效，還要被處死，商容生氣地喊道：「你這心迷酒色、慌亂國政的昏君，如不思悔改，不但江山不保，就連死後也無顏見各位列祖列宗。可嘆先王櫛風沐雨為子孫萬代打下的江山，今天要毀在你的手裡！」說罷，便朝身後的石柱上撞去。

年近七十五歲高齡的商容哪堪這致命的撞擊，頓時血流如注，不省人事。紂王討厭商容，看到他昏死過去，趕緊讓人把他抬走了。商容被抬回家中，生命垂危之時，他的學生老子來到榻前問道：「老師，您還有什麼向弟子交代的嗎？」

「你看看我的舌頭還在嗎？」說罷，商容張開嘴。

「當然在了。」

「那你看看我的牙齒呢？還有嗎？」

「牙齒沒有了。」

聽到學生的回答，商容看著弟子的眼睛說：「牙齒沒了而舌頭還在，你知道這說明了一個什麼樣的道理嗎？」

老子是商容最得意的學生，也是最聰明的，他沉思了一會兒說：「老師的意思是說，越是剛硬的東西越容易磨損，而越柔軟的就越能長久。」

商容微笑著點了點頭：「看似簡單，其實普天下許多的道理幾乎全在這其中了。」

這是一則流傳久遠、寓意深刻的小故事，體現出泛智教育的深意。

泛智教育思想包含兩方面意思：一，要求人們掌握生活中所必須的一切有用的知識；二，生活中廣博而有用的知識，是所有人都應該掌握的。因此，夸美紐斯指出，不分貴賤貧富，所有人都應該進學校。

那麼泛智教育思想的內容有哪些呢？

泛智教育思想的內容是認識事物、行動訓練和語言優美。認識事物，即學習一切有用的知識，包括自然科學知識、社會生活及歷史知識等。行動訓練是指在認識事物時必須親身實踐，運用知識。語言優美，強調用語言完美地表達其知其行，還要學習其他語言。

根據泛智教育思想的內容，夸美紐斯對課程設置提

老子授經圖。

出了許多具體要求：

第一，課程設置應該廣泛多樣化，而且要有用。

第二，課程分為三類，一類是主要課程，包括語言、哲學和神學這類課程，旨在發展學生的感覺、智力、記憶、語言、精神等；一類是次要課程，包括歷史、各種練習；一類是健身課程，包括遊戲、娛樂、戲劇表演等。

從課程要求出發，夸美紐斯還制訂了詳細的教材編寫要求：知識應該包羅萬象，強調在「泛智」教材中不能遺漏任何重要東西；知識應該清楚明晰，要求編寫教材中的事物應該以清晰、互相依存的形式呈現，便於人們掌握；知識應該真實可靠，要求編寫教材時要使用那些無可爭辯的事物和語言。

另外，在教學原則和方法上，夸美紐斯也提出了具體而實用的建議。

總之，泛智教育思想是夸美紐斯在教育領域內進行的變革，因此他成為近代教育學理論的奠基者。泛智教育思想影響深遠，直到今天，對教育改革仍有重要的啟示意義。

## 小知識

瑪格麗特・米德（西元1901年～西元1978年），美國人類學家、教育家，文化心理學派代表人物之一。她認為民族文化對塑造人格與行為模式，具有決定性作用 。著有《薩摩人的成年——為西方文明所做的原始人類的青年心理研究》、《新幾內亞人的成長》、《三個原始部落的性別與氣質》、《文化與承諾》等。

# 在荒地上種花種出一片教育資源

在長期的文明進化和教育實踐中，不斷創造累積的教育知識、教育經驗、教育制度、教育品牌、教育理念、教育設施，以及教育費用，還有教育領域內、外的人際關係的總和，共同構成了教育資源。

在南山腳下有一座寺廟，因為山高路遠，且寺廟周圍雜草叢生，很難有人前來燒香拜佛。即便是在黃道吉日，前來上供的人也是寥寥無幾，香火非常冷清。

這天，廟裡來了一個雙目失明的出家人，在廟裡住了沒幾天，就感覺到了寺廟的冷清。一天傍晚，他跟住持閒聊起來，問及寺廟為什麼沒有人前來燒香拜佛，住持說：「這寺廟周圍破舊不堪，誰願意到這地方來呢？怪只怪當初不該把寺廟建在這裡。」

從那以後，這個盲眼的出家人就在誦經之餘，拿著一把鋤頭在寺廟周圍摸索著除草、翻地、拓荒。他的那些師兄弟們看著他每天拿著鋤頭在黃山上翻來翻去，都暗地裡笑他，說他簡直是個神經病。

但他並不在乎別人的譏諷，仍一如既往的拓荒、播種。冬去春來，那些荒地逐漸被修整得平平坦坦，荒草不見了，取而代之的是一排排整齊的小苗。在一個誦經的早上，那些和尚們做完早課出來時，突然發現，荒坡上竟然開滿了各式各樣的鮮花，鮮花爭奇鬥豔，還有蜜蜂和蝴蝶在上面翻飛。

師兄弟們不僅再也不笑話這個失明的出家人了，還幫助他一起修整荒坡。這個被人遺忘的荒坡變成了世外桃源，美麗的風景也引來了很多拜佛求緣的香

客，沒多久這個寺廟就變得熱鬧起來，每日車水馬龍，香火不斷。

半年以後，這個出家人要走了，住持和眾和尚苦苦挽留，可是無濟於事。臨走時，這個出家人告訴他們說：「我不能在這裡久留，因為還有很多地方跟這裡從前一樣荒蕪著，我要把種子帶過去。」

因為一個盲眼和尚的辛勤勞作，而改變了一個寺廟破舊不堪的面貌，這個在荒地上種滿鮮花的和尚就是後來備受人們敬仰的大師——心明禪師。

只要用心，荒地也會變美麗，變成有用的資源。

教育資源自成一體，是人類文明的精華，究其本質，教育沒有高低貴賤之分，具有公共性和產業性雙重屬性，因此教育資源呈現多樣性特色。

教育資源的分類多種多樣，比如按照歸屬性質和管理層次，可分為國家資源、地方資源和個人資源；按照辦學層次，可分為基礎教育資源和高等教育資源；按照知識層次，可分為品牌資源、師資資源、生源資源等等。

教育資源，在具備社會資源的一般特性外，還具有自身特點：

第一，公益性。公眾受益，是教育資源的特性之一，是最為集中的體現。教育是一項公益性事業，維護教育的公益性是國家和政府的責任。教育資源的投入使用是否確保公益性的維護，是制訂法律時需要優先考慮的。

第二，產業性。教育不是單一的，是一個複雜的社會結構群體，隨著知識經驗的豐富，教育內容和模式變化，教育的產業屬性也越來越明顯，成為教育的物質屬性的客觀反映。

第三，理想性。教育是展望未來的事業，是對理想的追求，是一種期待。孔子說：「好仁不好學，其蔽也愚；好知不好學，其蔽也蕩；好信不好學，其蔽也賊；好直不好學，其蔽也絞；好勇不好學，其蔽也亂；好剛不好

學，其蔽也狂。」是道德修養的追求。近代教育家陶行知說：「捧著一顆心來，不帶半根草去。」是為了教育無私奉獻的精神。這些無不閃爍著教育理想的光芒。

第四，繼承性。教育資源不是獨有的發明創造，是隨著教育傳承，一代代繼承下來的，是古今中外教育實踐經驗的總結，教育大師們的思維結晶。

第五，差異性。教育資源在不同社會環境下存在很大差異，比如師資水準差異、教師收入差異等。差異性影響教育的整體平衡發展，是制約國家教育戰略實施的關鍵因素。

第六，流動性。教育資源的構成因素多樣而複雜，因此具有不穩定性，比如生源流動、經費流動等。

## 小知識

柯利弗德‧格爾茲（西元1926年～西元2006年），美國文化人類學者、教育家。在他最重要的著作之一《文化的詮釋》中，他對於文化概念的深入探討和詮釋，包括如深層描述等概念，其影響超出人類學，而及於社會學、文化史、文化研究等方面。此外，在另一部重要著作《地方知識》中，以實例來深入探討人類學對於個別地區的研究所獲得的種種知識，以及有何意義。

# 從觀察研究自己孩子入手的
# 皮亞傑，宣導著名的發生認識論

發生認識論是J‧皮亞傑根據以他為代表的日內瓦學派對兒童心理發展的研究和其他學科有關認識論的研究，而提出的一種關於認識論的理論。它試圖以認識的歷史、社會根源以及認識所依據的概念，和「運算」的心理起源為根據來解釋認識，特別是解釋科學認識。

皮亞傑是享有盛譽的瑞士兒童心理學家。他的認知發展學說是二十世紀對兒童教育影響最大的理論。也許很多人都不會想到，這個學說竟然是他在觀察兒子成長過程中產生的。

自從兒子勞倫特出生起，皮亞傑一直觀察、記錄著兒子的點滴變化。勞倫特五個月時，他手腳動作和視線之間更加協調，皮亞傑於是拿著玩具去逗引他。勞倫特看見了玩具，伸著小手去抓，並且還不停地咿呀叫著，像是為自己助陣。皮亞傑把玩具拿開了，讓兒子看不見，勞倫特便安靜下來。在他的視線中玩具消失了，但還不知道去搜尋，他只是繼續盯著父親的臉龐。

以後兩個月，皮亞傑多次與兒子做同一個遊戲，勞倫特的表現都是一樣的，只要玩具移出他的視線之外，他就不會搜尋，好像玩具已經徹底不存在了。

然而到了第七個月零十三天的時候，情況發生了變化。這次勞倫特看見了父親手中的玩具熊，他興奮地伸著小手去抓。皮亞傑伸手擋住了兒子的視線，不讓他看見玩具熊。這下勞倫特沒有像往常一樣泰然處之，他似乎有些不高興，努力嘗試著拍打父親的手，希望這隻手挪開或者壓低，以便於他能夠拿到

玩具熊。皮亞傑明白了，兒子雖然看不見玩具熊，但他已經意識到「看不見的東西」依然存在。

到了十個月時，勞倫特更「精」了，他知道尋找被藏起來的東西。一天，皮亞傑給兒子買來一個小皮球，勞倫特很喜歡，從早到晚捧著它，看它滾來滾去。小皮球滾到皮亞傑的腳邊，他彎下腰把球蓋住，然後悄悄將球藏起來。勞倫特迅速地爬過來，用力掀開父親的手，可是沒有看到心愛的小皮球，他好困惑，一臉驚奇，明明是父親用手蓋住了，怎麼不見了呢？皮亞傑分析，兒子的思維發展了，他已經具有了「客體永存性」的概念。

皮亞傑不僅觀察記錄兒子的成長，也同樣記錄兩個女兒的成長過程。在對三個孩子的觀察中，他得出一致的結論——嬰兒快滿週歲時，才會尋找被藏起來的東西。

當然，皮亞傑還做過很多觀察和紀錄，正是這些幫助他創立了發生認識論，也叫認知發展學說。什麼是發生認識論呢？簡單地說，研究知識是怎樣形成和發展的，就是發生認識論。主要包括兩個方面：一、知識的心理結構；二、知識發展過程中新知識是如何形成的？皮亞傑認為，新知識是連續不斷構成的結果。

皮亞傑從生物學觀點出發，指出認知發展的四個連續階段分別為：零～二歲為感知運算階段，二～七歲為前運算思維階段，七～十一歲為具體運算思維階段，十一～十五歲形式運算思維階段。

認識兒童認知發展階段，依據每一階段的特點進行教學，對教師來講十分重要，只有這樣才能取得希望的結果。那麼影響認知發展的因素有哪些？皮亞傑認為有四個基本因素：成熟、經驗、社會傳遞、平衡過程。這四種因素互相作用，兒童心理得以不斷超前發展。

認知發展學說在具體教育中有哪些意義，或者在皮亞傑的教育思想代表什麼呢？

第一，教育的目的是促進兒童智力發展，培養和提高兒童的思維能力和創造性。教學不是傳授知識，而是促進兒童心智發展。

第二，兒童主動、自發地學習才是真正的學習。

第三，放手讓兒童動手動腦探索外部世界，經由動作建構自己的知識經驗體系。

第四，應該根據年齡特點施以不同教育，不要把超越兒童發展階段的知識教育他。

第五，使兒童注意社會交往，不要以自我為中心，能夠與人合作，從別人那裡獲得豐富資訊。

## 小知識

J. B. 巴斯道（西元1724年～西元1790年），德國教育學家。他把養育、道德教育和智育視為全部教育，認為教育的目的在於培養有利於國家和社會的良好公民。道德教育最為重要，智育則處於從屬地位。曾採用自由遊戲和實物教學法從事教育活動，是泛愛主義教育的主要代表和創始人。主要著作有《新方法》等。

# 孩子的抱怨，提醒老師注意教育學的理論性與實踐性

教育學的理論性指的是教育學認知和觀點具有普遍性、公理性和規律性的特點；教育學的實踐性，是指教育來自於實踐，並且指導教育實踐的特點。兼顧理論和實踐，是教育學建設和發展的方向和目標。

麗子是一位國小老師，她的班上有幾位調皮的孩子一直很令她頭痛。就像今天上體育課時，小強又不知道跑哪裡去了。找了半天，他竟然一個人在角落旁蹲著，不知道在做什麼。老師走過去看了看，小強面前什麼也沒有，就問道：「你在這裡做什麼呢？大家都在等你。」

小強抬起頭說：「老師，我在聽螞蟻唱歌，妳也來聽聽吧！」

「螞蟻怎麼會唱歌？你這孩子真是特別調皮搗蛋。」

挨了罵的小強有點委屈，他跟老師說：「妳又沒蹲下來聽，怎麼知道牠們不會唱歌？」

小強的質問問出了教育學中普遍存在的問題：由於不恰當的干涉，阻礙了孩子的好奇心，更扼殺了他們的創意能力。在中國昆明舉辦過一次美術展，就曾深刻地反映了這一問題。

有一位在美國小鎮上教美術的老師，為了進行教學方面的交流，而來到了昆明美術展。當她看到那些中國孩子的繪畫時，感到很驚奇，因為他們都畫得非常棒。為了實地考驗一下孩子們的畫功，她決定以「快樂的節日」為題，讓

孩子們按照自己的想像作畫。畫很快畫出來了，可是她卻發現這些畫都是相同的內容，都是聖誕樹，為什麼呢？原來聖誕節很快就要到了，教室一角正放著一棵聖誕樹，孩子們自然就想到了聖誕樹。她走過去，悄悄地把聖誕樹遮了起來，要求孩子們再作一幅畫，這時她發現孩子們作畫沒有那麼快了。他們冥思苦想，無從下筆，她觀察了許久，孩子們也沒什麼思路，為了避免讓孩子們太為難，她只好又裝作無意識地把遮蓋聖誕樹的畫布揭開……

　　教與學，不只是理論的傳達和表述，需要與實踐結合，這樣才能真正提高一個人的全面素質發展。教育學的理論性和實踐性是統一的、相容的。

　　教育學是研究教育現象和教育問題，揭示教育規律，然後指導教育實踐的科學。同時也是理論和實踐並重的科學。

　　兼顧理論和實踐，是教育學建設和發展的方向和目標。理論聯結實際，

並非只是兩者簡單相加，而忽視聯繫兩者的「仲介」的研究。在教學中，我們必須分清基礎科學、技術科學與實際工作的區別，而且不同學科與實踐的聯繫，也有不同範圍和層次。同時，理論本身也是有不同層次的。

理論來自於實踐，但是豐富的實踐經驗不一定會自然產生理論。真正的理論是以實踐為基礎，加上同一層面或相近層面理論的影響，才得以產生的。如果缺乏實際內容，缺乏其他理論滋養，理論只能成為「空洞的理論」。

在教學中，為了切實履行理論聯結實際的原則，一方面需要進一步提高教育理論的層次，提高科學性，對實踐的作用更為明顯和規範；另一方面必須將教育理論本身進行分層，使教育學的層次多樣化，並且發展教育應用技術，在理論與實踐之間建構一座技術橋樑，改變理論與實踐分家，或者「空對空」的現象，既要反對教條主義，又要反對經驗主義。

## 小知識

王夫之（西元1619年～西元1692年），中國明、清之際哲學家、教育學家，人稱船山先生。他以唯物主義思想、社會進化論和「日生日成」的人性論學說為基礎，發展了古代的「學」與「思」、「知」與「行」相結合的教育原理，提出「學思相資」的教育教學理論，以及「學思結合、兩者並重」的教學方法和原則，並提倡依照兒童的特點對兒童進行教育。著有《船山遺書》等。

# 快樂的城堡讓你看到教育學的本土化與國際化

教育學的本土化，指的是教育學在不同國度和傳統下，所反映的文化特徵也是不同的。教育學的國際化，指的是教育學與其他科學活動一樣，做為一種「科學的」研究活動，也具有普遍性，沒有文化和民族界限，因此教育學的知識成果在世界範圍內是共用的。

塞爾瑪的丈夫是一個駐紮在沙漠某陸軍基地的軍人，為了陪伴丈夫，塞爾瑪也一同來到了這個基地。這天，丈夫接到命令，要隨部隊到沙漠中演習。丈夫走了，塞爾瑪只能自己留在基地。陸軍基地的房子是由鐵皮做成的，像個罐頭盒子，待在裡面，那種悶熱簡直令人窒息。即便是在有陰影的地方，也依然讓人難以忍受。

塞爾瑪生活的地方，周圍雖有幾個鄰居，可是她跟這些人語言不通，無法交流。因此，孤獨、苦悶的塞爾瑪待不下去了，她想索性回去算了，省的在這裡受罪。可是當她把這個想法寫信告訴父親時，父親只是在信裡寫了兩句話：「有兩個人同時從牢中的鐵窗望出去，一個看到泥土，一個卻看到了星星。」

也就是這兩句話，讓塞爾瑪重新留了下來。

被關在監獄裡的犯人都可以從窗子裡看到星星，這是一種多麼樂觀的態度啊！相較之下自己比犯人的境遇好多了，為什麼意志就沒有那麼堅強呢？

這個想法讓塞爾瑪決定改變自己現在的狀態。為了從沙漠中找到自己的「星星」。她開始走出去與當地人交談，雖然彼此語言不通，但是經過多次的交流，也逐漸懂得了對方的大體意思。塞爾瑪對他們的紡織品和陶器很感興

趣，常來跟他們學習這些手藝，當地人也十分熱情地教她。塞爾瑪開始逐漸地融入當地人的生活，她發現沙漠中有許多造型獨特的植物、有會挖洞的土撥鼠、有幾萬年前沙漠還是海洋的時期遺留下的海螺殼，更有令人嘆為觀止的沙漠日出，在人們印象中枯燥無味的沙漠，竟然有這麼多不為人知的神祕與奧妙！塞爾瑪十分激動，她每天最有意義的事情就是探索、發現與研究這些奧妙，並把自己對沙漠的認知和在沙漠的見聞都認真的記下來。不久，她就出版了一

伏案工作的伏爾泰。

本以沙漠生活為主題的書，叫做《快樂的城堡》。

　　融入本地生活，人生發生了徹底改變，這個故事讓人聯想到時下流行的本土化與國際化問題。本土化與國際化表現在各個方面，在教育學中也有明顯特色。

　　教育學發展過程中，第一位提出建立「普遍妥當教育學」理想的人是赫爾巴特，他追求教育學國際化，卻遭到狄爾泰的批判。狄爾泰指出教育目的的歷史性問題，烏申斯基也反對國際化，他用了大量的事實資料證明教育的民族性。中國政府在上個世紀六〇年代提出建設有中國特色的教育學，凸顯

教育學本土化特色。

　　那麼本土化和國際化孰是孰非，又該如何擺正兩者的關係呢？從教育實踐來看，本土化必須建立在科學化的基礎上。如今先進國家的教育學佔據世界教育學中心位置，其他發展中國家處於邊緣位置。所以，大膽地借鏡和吸收先進國家的教育學理論和經驗，是十分自然，也是值得肯定的。然而，如果單純地、過多地模仿，照抄照搬，不從本地實際情況出發，必然會喪失民族性和特色。

## 小知識

亞蘭‧卡甸（西元1804年～西元1869年），法國教育家。「通靈術」一詞就是由他創造的，來自於法國日常用語，通靈術普及後，此辭彙也被納入學術文獻。

# 唤醒石獅子的同時，也唤醒了教育學的後設研究

教育學的後設問題，指的是與教育學科自身獨立發展有關的一組問題，應該與「教育問題」對應。對教育學後設問題的研究，就是教育學後設研究。教育學後設研究可以間接影響教育知識的生產以及教育實踐，有助於教育問題現象的分析和教育學科的建設，其結果就形成了教育學的後設理論。

蘇格拉底的父親是一位手藝高超的石器雕刻家，父親的手很奇妙，那些本來沒有生命、形態各異的頑石，經他一番精雕細琢之後，便變出一個又一個活靈活現、栩栩如生的小動物。那些小動物或仰或臥，或進食或奔跑，表情豐富，神采各異，都透出一股靈氣，宛如復活了一樣。蘇格拉底很敬佩父親那精湛的手藝，所以就經常蹲在父親身旁，觀看父親雕刻作品。

一次，父親正在雕刻一頭獅子，蘇格拉底又過來觀看，看了半天以後他問父親：「要成為一個成功的雕刻師，最關鍵的是什麼？」

「對一個雕刻家來說，你不是在按照特定的形狀去雕刻某種動物，而是用自己的雙手巧妙的把它們從石塊中唤醒，也可以幫助它們從束縛中走出來。」

幫助獅子甦醒，這種高超的見解不愧為大師之言，在今天我們談論教育學，也會談論到教育學的某些研究活動，這種對研究活動本身存在問題的研究，叫做後設研究。後設研究是布雷欽卡最早提出的，目的不是為了增加某一學科領域的具體知識，而是為了反省該學科的研究行為，並且進一步指導該研究行為。如科學哲學、科學社會學等，都具有後設研究的性質。

在希臘神話中，賽普勒斯國王皮格馬利翁，用神奇的技藝雕刻了一座美麗的象牙少女像，並把全部的精力、全部的熱情、全部的愛戀都賦予給這座雕像。愛神阿芙蘿黛蒂被祂打動，賜予雕像生命，並讓祂們結為夫妻。

　　教育學的後設問題是什麼呢？指的是與教育學科自身獨立發展有關的一組問題，應該與「教育問題」對應。對教育學後設問題的研究，就是教育學後設研究。教育學後設研究可以間接影響教育知識的產生以及教育實踐，有助於教育問題現象的分析和教育學科的建設，其結果就形成了教育學的後設理論。

　　教育學的後設理論包括教育學的學科信念、知識構成、研究範式、教育者的生存方式等等。受反審文化尤其是分析哲學影響，後設研究的任務在於探求檢驗教育理論的邏輯規則上。認為教育落後的原因在於缺乏判斷命題真與假的邏輯規則，導致教育概念、命題邏輯混亂。只有找到檢驗教育學的規則，消除邏輯毛病，教育學就能走出困境。

　　在教育學任務影響下，有些教育家把教育形式做為研究對象，對此，布

雷欽卡早就指出：「後設理論不是把教育現象做為研究對象，而是把教育理論做為研究對象。」

在實踐中，教育學的後設理論該如何實施呢？不少人基本採取邏輯分析法。邏輯分析法確實是後設研究的基本方法，不過由於邏輯分析法本身並不完善，加上教育學語言非常豐富，很難全部轉換成邏輯符號進行運算。因此單純採用邏輯分析法是不夠的，應該在此基礎上，積極發揮其他合適的方法，彌補邏輯分析的不足，比如調查法、實驗法等。

總之，做為新興的教育學理論，後設研究擔負著揭露、批判教育學缺陷，為教育學發展提供思路的重任，為此，各國已經越來越重視後設研究，後設研究正在多學科視野下不斷深化。

## 小知識

皮耶・布迪厄（西元1930年～西元2002年），法國著名的社會學家。著述達三百四十餘種，涉及人類、社會學、教育、歷史、政治、哲學、美學、文學、語言學等領域，影響遍及世界，特別是歐美知識界。主要著作有《再生產》、《離鄉背井》、《區隔》、《學術人》、《藝術法則》等。

# 從遠古的傳說到現代
# 教育技術在教學中的作用

一九七〇年，美國一個專業諮詢機構指出：「教育技術是按照具體的目標，根據對人類學習和傳播的研究，以及利用人力和非人力資源的結合，促使教學更有效的一種系統的設計、實施、評價學與教的整個過程的方法。

有一個現代寓言故事非常有趣：非洲土著是一個古老的民族，他們一直沿襲著自己獨特的文化習俗和生活方式，為了爭奪食物和水源及其他一些必要的生存資源，他們之間常常進行格鬥。有格鬥就會有傷亡，為了避免在格鬥中給自己造成太大的損失，他們邀請哈佛商學校的一位教授來講授攻略方面的知識。

很快地，哈佛商學校就接到了土著的請柬，他們爽快地答應安排一位教授來給土著講課。教授做好了一切準備工作，穿著得體的西裝來到了土著的部落，土著也拿出了最高規格的禮儀標準來迎接商學校的教授。

可是講課的第一天，就出現了問題，使得教授的課沒有按預期講下去，為什麼呢？原來土著們聽課時只是在私處遮蓋著幾片樹葉，除了脖子上有一個項圈以外，全身就沒有任何服裝和裝飾了，這就是他們待客的最高禮儀。可是來自文明之邦的哈佛教授對此極其不習慣，在講課的時候，不僅大腦裡沒有一點正常的思路，而且還滿頭大汗，緊張不已。

第二天，教授覺得既然來到了此地，那麼不妨就按照當地人的風俗，把自己也打扮成一個土著，這樣看起來既和諧又顯示出自己對土著的尊重。可是當

他僅帶著項圈和樹葉來講課時，卻發現土著們個個打扮得西裝革履來聽課，這樣一天下來，教授又十分地尷尬。

到了第三天，他們終於做了一次很好的交流與溝通，土著為了表示對教授的歡迎與尊重，他們商量好全部穿上西裝來聽課。至此，教授的課程就得以順利地講解下去了。

從文化差異造成教學障礙，到最後達成一致，這個過程中不禁令我們想到「教育技術」這一概念。教育技術最早產生在美國，如今已經影響世界各地。教育技術是在視聽教育的理論和實踐基礎上發展起來的，走過了三個階段。

第一階段，一九〇六年，美國一家出版公司出版了《視覺教育》一書；一九二三年，美國建立視覺教育分會；三〇年代後，隨著無線電、錄音機的運用，視聽教育應運而生。「經驗之塔」理論遂成為視聽教育的主要理論依據。

第二階段，一九六〇年之後，美國視聽教育協會在研討什麼是視聽教育時，將視聽教育改為視聽傳播，此時趨向採用傳播學做為視聽教育的理論基礎。

第三階段，由於媒體技術的發展，國際教育界普遍認為視聽教育無法代表這一領域的實踐和研究範疇。一九七〇年，美國視聽教育協會改名為教育傳播和技術協會，正式定義教育技術。

教育技術的發展源於以下幾個方面：視聽教學推動了各類學習資料在教學中的運用；個別化教學促進以個人為中心的個性化教學；教學系統方法的發展促進教學設計學科的誕生。

從教育技術的概念和發展歷程來看，教育技術具有自身特點：

首先，它不是一般的教學方法，它涵蓋三種概念即以學習者為中心、依靠資源、運用系統方法，是將其綜合應用於教育教學的理論與實踐。

其次，教育技術重視學習資源，如學習媒體的開發、應用、管理，強調用系統的方法分析和整合「教與學」的過程。

再次，教育技術的基本實踐原則是先鑑定問題，弄清問題的本質，然後根據問題的實質研究、設計解決問題的方案。

如今，教育技術已經普遍存在各種教育教學活動中，在個別化教學、小組合作教學等具體形式中，或多或少，都涉及到教育技術的內容和方法。

## 小知識

容閎（西元1828年～西元1912年），字達萌，號純甫，廣東香山縣南屏村（今珠海市南屏鎮）人，中國近代史上首位留學美國的學生。他是中國近代早期改良主義者，中國留學生事業的先驅，被譽為「中國留學生之父」。著有《西學東漸記》。

# 盲從的牛群不懂
# 教育學研究範式多樣化

教育學研究領域複雜多變，不是一個標準、一個範式就能與之匹配的，目前存在的研究範式有人文主義的質的研究、科學主義研究、結合性研究、應用研究、行動研究、諮詢研究等等。

在高原深處生活著一群野犛牛，牠們頭上長著兩隻彎彎的犄角。牠們的生活很簡單，每天在犛牛王的帶領下翻山越嶺，尋找食物，過著悠然自得的日子。

這是一個夏天的深夜，帶領犛牛隊伍尋找了一天食物的犛牛王飢渴難耐，想出來找點水喝。不料走到一個陡坡上，因為天黑看不見路，一腳踩空重重地摔了下去。幸好沒有太大的傷害，只是一隻角被摔斷了，牠慢慢站起來又回到了群裡。

第二天，大家都看見犛牛王少了一隻犄角，都很奇怪，但是犛牛王覺得是自己不小心摔的，怕同伴們笑話，所以也就沒跟大家解釋，有問起的，牠也只是笑笑而已。

犛牛王越是不說，大家越覺得蹊蹺，開始私下猜測犛牛王究竟為什麼少了一隻角。眾犛牛七嘴八舌的也沒猜出個所以然來，這時一頭小犛牛說話了：「犀牛是這個世界上最威猛的動物，牠頭上只有一隻角，牛王一定是崇拜犀牛的威猛，所以才學牠的樣子改變了自己的模樣。既然牛王都改變形象了，不如我們大家都學牛王也改變形象吧！」

當晚，大家就緊急行動，紛紛把自己變成了獨角。第二天一早，牛王看見

317

大家都剩一隻角了，大吃一驚，連忙問是怎麼回事，這時犛牛們告訴牠說：「是你先變成了獨角，我們才跟著也變成獨角的。」

面對新情況，簡單地模仿和追隨，是愚蠢的做法。當代社會發展多樣化，教育學不可避免受其影響，這種情況下，教育學研究應簡單的模仿和追隨，還是適應發展，使研究範式趨向多樣化？答案自然是後者。

我們發現，研究範式趨於多樣化，具體表現為以下特徵：

第一，整體性與系統性。教育學研究的範式需要有辨證的思維，協調教育複雜的內、外部關係。

第二，延續性與階段性。教育學研究是持續的，而且具有各自階段性的特點。比如各級學校有各自的具體目標，那麼它們的銜接問題、效果後顯等，都屬於教育學研究範圍。還有教育形式的變化與發展，一些消失的教育形式重新出現，如私塾、家庭學校等，也是教育學研究內容。

第三，多元性與選擇性。在實踐中，不同類型的教育都有不同類型的問

題，因此產生了與之對應的研究範式。隨著學習型社會建設，教育形式更加多樣化，那麼與之對應的研究範式勢必日益增加。於是多元化成為必然。在多種教育形式中選擇適合的類型，就是選擇性。

在實踐中，同一個教育問題，從不同的角度審視，基於不同的理論，完全可以採用不同的形式和方法。

第四，層次性和結構性。教育學研究有宏觀、微觀、中觀層次之分，要協同層次問題，就必須在教育實踐中建立互相理解、支持的機制，形成適宜探索的空間。同時教育學研究也有不同的層面，比如哲學層面、教育學層面、教育技術層面等，它們之間也需形成相對的層次和結構，兼顧和協調各自的優勢，以免研究效果打折扣。

另外，教育學研究還有多種特徵，比如穩定性與關聯性、對話性與互動性等。不管怎樣，研究範圍多樣化，是教育學發展的標誌，對教育研究本身、教育品質和水準，會有更大促進作用。

## 小知識

孟子（西元前372年～西元前289年），中國古代著名思想家、教育家，戰國時期儒家代表人物。他認為教育主要是為了「明人倫」，受教育者能瞭解和遵守封建社會中的等級制度。其整個教育思想以「性善」為基礎，注重「存」、「養」。著有《孟子》一書。

# 河神望洋興嘆，
# 嘆出教育學的發展現狀與發展前景

教育學未來發展趨勢表現在六個方面：第一，教育學問題領域不斷擴大。第二，教育學研究學科基礎不斷拓展。第三，教育學研究多樣化。第四，教育學進一步分化與綜合，第五，教育學與教育改革更加密切。第六，學術交流與合作日益繁榮。

連綿的秋雨使得河水暴漲，漫過了堤壩，水面變得越來越寬闊，浩浩蕩蕩，一片汪洋。河神見此情形興奮不已，彷彿天下的美景盡在自己的流域之中。順流而下，祂邊看美景邊讚嘆，覺得自己所掌管的這條河已經是天底下最大的水域了，所以也就欣然陶醉在這壯觀的景色裡。

順著河流，一路來到了大海，煙波浩渺的大海一望無際，洶湧的波濤拍打著海岸，一浪高過一浪，彷彿在高歌，又彷彿千軍萬馬在狂奔，那種浩瀚的場面讓河神感受到了一種來自心底的強烈震撼。在大海面前，河神頓時收斂了自己的興奮與狂傲，他突然發現自己是如此的無知與短淺。

俗話說，人外有人，天外有天，在海神面前，河神道出了自己的心聲：「曾經有人說孔子並不是天下最有學問的人，普天之下還有許多他不知道的事情；也有人說伯夷的高尚品德也不是最完美

宋朝畫家李唐所畫的《采薇圖》，以殷末伯夷、叔齊「不食周粟」的故事為題，著力刻劃了這兩個寧死也不願意失去氣節的人物。

的，依然有其他行為更加高尚的人不為我們所知。以前我對這樣的說法半信半疑，現在才明白這話有著極為深刻的道理，如果我執迷不悟的一味做一些坐井觀天之類的事情的話，將來一定會惹人恥笑。」

聽完河神的話，海神開口笑了：「花兒開在春天，它永遠也不知道冬天還會有飄逸的雪花；昆蟲生活在溫暖的夏天，祂永遠也不會知道冬天會有多麼的寒冷；見識淺的人，有些事情講給他們聽，他們也不會懂。如今祢走出了河流來到了大海，視野比原來開闊了，見聞也比原來增長了，這世界博大精深，包羅萬象，有學不完的知識。見識越少的人越以為世界不過如此，而見識越多的人越知道這世界上還有更多的知識與道理，也才會更加謙虛。有點成績就滿足的表現，正是缺乏遠見卓識、孤陋寡聞造成的。」

不要滿足於現狀，而應以寬廣的眼光看問題，這是海神對河神的忠告，也是我們在教育學發展中，應該接受的現實。

目前，教育學的現狀可謂豐富多彩，包容萬千，實驗教育學、文化教育學、實用主義教育學、制度教育學、批判教育學等等理論層出不窮，多元並列，促進教育學繁榮，也直接推動教育的快速發展變化。

然而，我們是否可以滿足教育學現狀？教育學發展規律又能否容許我們滿足現狀呢？

不能。教育學與其他事物一樣，有著自身發展的規律，不會一成不變，同時我們也要積極遵循規律，適應規律，進而瞭解教育學發展趨勢，以便更好地理解教育，發展教育。

第一，教育學問題領域不斷擴大。科技的發展，智力的開發和運用，引起了世界範圍的教育新變革，自此人們對教育的認知也變得立體化。教育問題不再侷限於學校教育、教學等，而是拓展到與社會的宏觀關係方面、特殊

兒童教育、成人和老年教育等。從多角度、全方位審視教育，會隱約發現「大教育學」開始出現。

第二，教育學研究學科基礎不斷拓展。教育學不斷與其他學科互相滲透，在內容上更加豐富，理論上逐漸深化。

第三，教育學研究範式多樣化。

第四，教育學進一步分化與綜合，已不再是一門科學，而是擁有幾十門分支學科的學科群，是這個學科群的總稱。目前已經從教育學中分化出的學科有普通教育學、高等教育學、職業教育學、教育管理學、教學論、德育論等等，未來教育學會繼續分化。

同時教育學的理論和原理將不斷綜合，而且教育學與其他相關學科之間也會互相綜合，進而出現一系列交叉學科，如教育心理學、教育經濟學、教育統計學、教育生態學等等。

第五，教育學與教育改革更加密切。隨著社會變化，教育學實驗將大量出現，探討教育改革、積極進行教育變革，將成為教育學的重點現象。

第六，學術交流與合作日益繁榮。在全球化影響下，國際教育交流與合作不斷加強。比如人才全球化流動、國際化網路交流、國際學分與學位的互認等，屆時，一個世界性的教育趨勢將會出現。

## 小知識

魯道夫‧斯坦納（西元1861年～西元1925年），奧地利社會哲學家、教育家。他是靈智學的創始人，主張用人的本性、心靈感覺和獨立於感官的純思維與理論來解釋生活。著作有《歌德的世界觀》、《通神學》等。

# 小天使的讚語，
# 提醒我們教育應該現代化

教育現代化，是當代社會一個重要的課題，是指用現代先進教育思想和科技武裝頭腦，逐步改變教育思想觀念，提高教育內容、方法和手段，以及教育條件、學校設備，使之達到世界先進水準，進而培養出適應國際需求的新型勞動者和高素質人才的過程。

「全市人民注意了，三天以後，將有一個強烈颱風登陸，希望大家做好相關的安全防範措施，盡量減少外出的時間和次數。」

颱風即將來臨，接到氣象臺的預報，所有的人都投入到安全預防工作中去了，政府開始築高堤壩，百姓們則開始收拾東西，加固陽臺護欄，將花盆搬進室內，儲存食物、蔬菜和水，以及一些藥品和手電筒、蠟燭等。揚揚的媽媽一邊忙碌著，一邊嘟囔著：「這該死的颱風，每次都會讓我忙上好幾天。」

媽媽在埋怨颱風，可是揚揚卻在屋子裡興奮地跑來跑去。

「媽媽，我一點也不討厭颱風。」

「妳這孩子真不懂事，颱風把農民辛苦種的莊稼都淹沒，把海上航行的巨輪都掀翻，把大樹颳倒，把電線颳斷，害我們不能做飯、不能看電視，甚至不能寫作業，妳怎麼會喜歡颱風呢？」

「媽媽還記得上次颱風來時就停電了嗎？」

「當然記得，我還點了蠟燭。」

讚美是家庭教育的一劑良藥。

「我也記得，因為蠟燭是我出去買的，我在屋子裡點上蠟燭，然後端著蠟燭滿屋子跑，妳說我拿著蠟燭的樣子像個小天使。」說著，揚揚臉上又露出了幸福而喜悅的笑容，彷彿依然沉浸在媽媽的讚美之中。

聽了揚揚的話，媽媽頓時放下了手上的工作，蹲下身子把揚揚抱在懷裡，親了親她的小臉說：「孩子，不管颱風來不來，不管妳有沒有蠟燭，妳永遠都是媽媽的小天使。」

女兒的渴望，與母親所思所想根本不是一回事，這種無處不在的現象，提醒所有教育者多關注孩子、傾注愛心的同時，還提醒他們想到教育的現代化問題。如果一味沉浸在過去，沉浸在陳舊的思維中，必然不可能與孩子達成溝通，形成良好的教育學現象。

教育現代化的具體內容包括教育觀念現代化、內容現代化、教育裝備現代化、師資現代化等，具有終生化、個性化、國際化、普及化、資訊化特色。

教育現代化，意義非同一般，它是一個國家教育發展高水準的體現，是對傳統教育的超越，是一種教育整體轉換運動，亦是實現人的現代化的方法。

實施教育現代化，具有自身的特徵：

第一，強調教育與勞動結合，重視科技與人文結合。

在傳統教育中，普遍重視文化和知識，輕視經濟效益，認為教育不是社會再生產體系的內在環節。教育現代化打破這一陳腐觀念，把教育納入社會再生產體系中，認為教育是現代化大生產的組成部分，教育是生產性投資。所以，教育現代化要求不管在數量、發展、品質、課程編排、教材內容上，都與現代生產的要求相適應。

第二，教育現代化是一個多樣化的、開放式的大系統。

教育現代化是開放的，打破了過去學校教育的體系，面向全社會招生，擴大教育場所。

教育現代化的開放性還表現在考核方式和評價標準上，向社會經濟效益、實踐效益開放。教育經費的來源向多管道開放，而不是單一的政府撥款。

總之，開放式辦教育，在資訊上加大交流，是現代化趨勢。

## 小知識

亞伯拉罕‧馬斯洛（西元1908年～西元1970年），美國著名的社會心理學家、人格理論家和人本主義教育學家。他堅信人有能力造出一個對整個人類及每個人來說是更好的世界，有能力使自己的潛能和價值達到自我實現。在心理學和教育學上，他的最大貢獻在於他的「需要層次理論」和「自我實現理論」成為人本主義心理學最重要的理論之一。主要著作有《動機論》、《自我實現的人》、《動機與個性》、《科學的心理學》等。

國家圖書館出版品預行編目資料

關於教育學的100個故事／盧靜文編著.
－－第一版－－臺北市：宇河文化出版；
紅螞蟻圖書發行，2011.2
面 ； 公分－－（Elite；28）
ISBN 978-957-659-830-2（平裝）

857.7                                                99021990

Elite 28

# 關於教育學的100個故事

編　　著／盧靜文
發 行 人／賴秀珍
總 編 輯／何南輝
責任編輯／張璞玉
美術構成／Chris' office
校　　對／楊安妮、鍾佳穎、朱慧蒨
出　　版／宇河文化出版有限公司
發　　行／紅螞蟻圖書有限公司
地　　址／台北市內湖區舊宗路二段121巷19號（紅螞蟻資訊大樓）
網　　站／www.e-redant.com
郵撥帳號／1604621-1　紅螞蟻圖書有限公司
電　　話／(02)2795-3656（代表號）
傳　　真／(02)2795-4100
登 記 證／局版北市業字第1446號
法律顧問／許晏賓律師
印 刷 廠／卡樂彩色製版印刷有限公司
出版日期／2011年 2 月　第一版第一刷
　　　　　2014年 8 月　第一版第二刷

定價 300 元　港幣 100 元
ISBN　978-957-659-830-2　　　　　　　Printed in Taiwan